Prix : 30 centimes.　　LIBRAIRIE THÉATRALE　　Prix : 30 centimes.
14, rue de Grammont.

LES DÉLASSEMENTS EN VACANCES

DÉLASSEMENT COMIQUE
EN TROIS ACTES ET VINGT TABLEAUX
PRÉCÉDÉ DE

AU DÉMÉNAGEMENT!
Prologue en un acte

PAR MM. ERNEST BLUM ET ALEXANDRE FLAN

Représenté pour la première fois, à Paris, le 22 octobre 1859, sur le théâtre des Délassements-Comiques.

PERSONNAGES

DÉLASSEMENTS	MM. Oscar.	REDON	Delacourt.	DIEPPE	
SIR JOHN		UN POMPIER		RIPETTA	Bayard.
RIBEIRO	Camille.	UN BOITEUX	Roussel.	MABILLE	
LAFLEUR		UN PIRATE		BOULOGNE	
EVA	Tacova.	KÉROUAN	Gambini.	LA PAILLE D'ITALIE	Blanche.
UN RÉGISSEUR		FRITZ	Kahn.	LE CHATEAU DES FLEURS	
RHIN		BIRMANN	Blin.	CHARLOTTINI	Marguerite.
M. TOURNIQUET	Mérigot.	GUIDE-RICHARD	Mmes Paurelle.	LA BIBLIOTHÈQUE	
UN ÉCUYER		LILINE		LE SAUVETAGE	Gérard.
UN PROFESSEUR		CABOURG		CRICRI	
VERMOUTH		UN CAPITAINE	Mélanie.	L'ORDRE DU BAIN	Alice.
RIGODIN	A. Brun.	TH. D'HIVER		LOUISE	Bruyer.
SERINGUINOS		GRASSOUILLETTE		LA MARATRE	C. Rose.
LONDRES		L'ITALIE	Anna.	MADAME TOURNIQUET	Lemaitre.
PILOU		LA CROIX D'HONNEUR		UNE FLEURISTE	
PAUL	Gothi fils.	MACARONI	Adèle.	LES BOUFFES-PARISIENS	Mente.
LINDOR		VICTORINE		ADÈLE	
UN MARCHAND DE JOURNAUX	Noirot.	LE HAVRE		MARGUERITE	Poty.
ANATOLE		SAINTE-HÉLÈNE	Mélina.	LA CROIX DE MALTE	
LE PASSE-PORT		LE THÉATRE D'ÉTÉ		LA NOIRE	Constance.
CIEL D'ITALIE	Gothi père.	Le CHEMIN de STRASBOURG		TURLURETTE	
UN MONSIEUR		LA SUISSE	Flore.	BADE	Julie.
PANORAMA		ROMÉO		LA JARRETIÈRE	
LOUIS XI	Alexandre.	LE BAZAR		LE CHEMIN DE LYON	
UN CHRONIQUEUR		RIPETTO		LA ROUGE	Céline.
UN BOSSU	Lemonnier.	LE FROMAGE D'ITALIE	Jeanne.	LA TOISON-D'OR	
UN GARÇON		BROCHETTE		SPA	Delia.
UN BÈGUE	Hippolyte.	GUIGNOL		LE CAFÉ-CONCERT	
UN TURCO		LE CHEMIN DE L'OUEST	Cellini.	UNE DAME	Astier.
		LA CROIX DE CRIMÉE		HOMBOURG	Rita.

PROLOGUE

Décor composé : partie salon, partie forêt, partie place publique. — Les machinistes vont et viennent et transportent les décors.

SCÈNE PREMIÈRE.
LE RÉGISSEUR, LE POMPIER, Machinistes.

CHŒUR.

Air : Eh! gai, gai, gai, mon officier.

Eh! gai, gai, qu'en un moment
On fass' rage

A l'ouvrage!
Eh! gai, gai, gai, f'sons lestement,
Que l' patron soit content.

LE RÉGISSEUR.

Qu' votre besogn' soit faite
Vit', sans vous arrêter;
Allez! je vous répète
Que l'on va répéter.

REPRISE.

Eh! gai, gai, etc.

LE RÉGISSEUR. Mettez le décor! Prestò !
UN MACHINISTE. Est-ce que nous sommes en retard, monsieur Arthur ?

LE RÉGISSEUR. Non, la répétition est pour midi un quart, et il n'est qu'une heure.
LE POMPIER. Pardon, excuse, monsieur le Régisseur, ça fait trois quarts d'heure de retard.
LE RÉGISSEUR. Tiens, c'est vous, Riquinquet? Vous êtes donc de garde chez nous, aujourd'hui ?
LE POMPIER. Je le suis, moi-même, c'est moi qu' est chargé de veiller à l'incendie et d'éteindre les feux s'il s'en présente. — Ici je me permettrai de dire que s'il fallait éteindre tous ceux que vos actrices allument...
LE RÉGISSEUR. Il vous faudrait joliment des seaux.

1859

LE POMPIER. Ah! oui... (riant) Ah! ah! le pompier aime à rire... c'est le principe de sa conduite.

AIR : Du Ferre.

Le pompier s'amuse avec feu...
Mais à l'amour quand il s'applique,
S'il se flamme on se fait un jeu,
Dam! il est fort en gymnastique.
La saudrible et l' sentiment,
V'là sa devis!... mais quand on l' trompe,
Il rompt tout instantanément,
Sans faire un discours avec pompe.

LE RÉGISSEUR. Pompier, vous charmez mon tuyau auditif.
LE POMPIER. Sauf votre respect, qu'est-ce que vous allez répéter?
LE RÉGISSEUR. Une féerie espagnole : les *Malheurs d'une Princesse auvergnate, ou la Découverte du Caoutchouch par les Préteurs romains...*; l'administration fonde sur cette œuvre les plus grandes espérances.
LE POMPIER. C'est un titre piquant... dites donc, monsieur Arthur?
LE RÉGISSEUR. Pompier de service?
LE POMPIER. Est-ce que mademoiselle Victorine travaille dans cette pièce-là?
LE RÉGISSEUR. C'est elle qui joue la princesse auvergnate.
LE POMPIER. Ah! tant mieux, tant mieux. Elle est bien imposante, mademoiselle Victorine! elle a une paire de jambes!... Cristi! des mollets... comme un casque.
LE RÉGISSEUR. Et, à elle, pompier de service, de ces mollets qui sont de l'histoire.
LE POMPIER. Ah! monsieur Arthur... si le feu pouvait prendre une nuit dans son domicile, la sauver ou mourir avec elle!
LE RÉGISSEUR. Diable! c'est un amour que vous avez là!
LE POMPIER. C'est pas de l'amour... c'est de la passion! J'ai le cœur gonflé comme mes éponges.
LE RÉGISSEUR. Déclarez votre flamme, alors.
LE POMPIER. Les règlements s'y opposent.
LE RÉGISSEUR. Mais j'entends nos artistes.
LE POMPIER. Mademoiselle Victorine arrive... tais-toi, mon cœur. Dissimulons mon émotion sous mon casque. (Il s'éloigne en baissant son casque sur les yeux.)

SCÈNE II.

ENTRÉE DES ARTISTES.

CHŒUR.

Air de Polka.

Le succès nous fait un devoir
D'accourir quand on nous appelle,
Et surtout de montrer du zèle,
Depuis le matin jusqu'au soir.

ADÈLE. Bonjour Tutur.
TOUTES. Bonjour Tutur.
LE RÉGISSEUR. Mesdemoiselles, je suis bien de vôtre.
ADÈLE. Tiens, ce n'est pas encore commencé.
LE RÉGISSEUR. Nous n'attendons que les artistes et l'auteur, qui a demandé à voir la mise en scène.
ADÈLE. Oh! e' monsieur!... il veut juger si sa pièce a été comprise du machiniste; il va encore nous faire des observations.
LILINE. D'abord moi, s'il m'en fait, je le renvoie à son ours.
TURLURETTE. V'là Liline qui commence à grogner; c'est pas une actrice que cette fille là, c'est un porc-épic.
LILINE. Porc-épic, toi-même, entends-tu? V'là-t-il pas Mademoiselle qui veut me blaguer?
TURLURETTE. Oh! blaguer!...Liline, tu ne fais plus ta femme du monde.
LINDOR. Mesdames, de la tenue! la Société des artistes vous contemple!
LILINE. Tu sais que je vais rendre mon rôle; je ne veux pas jouer en jupe longue : ça m'abîme les jambes.
TURLURETTE. Et ça te force à t'en acheter d'autres trop souvent.
LILINE. Qu'est-ce que tu dis?
LINDOR. Elle dit que tu te ruines en mollets, histoire de te molester.
LILINE. C'est faux!
TURLURETTE. Parbleu!
LILINE. Turlurette, ne m'agace pas, ou je raconte ton histoire d'hier.
LINDOR. Quelle histoire?
ADÈLE. Oh! raconte-nous ça.
TOUTES. Raconte-nous ça.
TURLURETTE. Liline..., prends garde!
LILINE. Avec ça que j'ai peur de toi... figurez-vous...
TURLURETTE. Liline, je le dirai à Alfred.
LILINE. Ça m'est bien égal! Je ne l'aime plus depuis la semaine passée, Alfred.
TURLURETTE. Depuis la semaine passée est joli!
LILINE. D'abord, il ne peut rien te faire, c'est à ton avantage. Figurez-vous, mademoiselle...
TURLURETTE. Liline, je te ferai une niche si tu la racontes; je dirai l'histoire de ton cachemire!
LILINE. Eh bien, après? tu diras que je l'ai acheté à crédit?
TURLURETTE. A crédit, je crois bien : elle se l'est fait donner par un monsieur qui garde les sérails en Turquie. (Toutes rient.)
LINDOR. Mais l'histoire de Turlurette, je demande l'histoire de Turlurette, ou je me mets en bras de chemises!
TURLURETTE. Oui, au fait; qu'elle la raconte si elle veut... mais je saurai à quoi m'en tenir sur elle. Si jamais j'ai un secret à confier, je peux être sûre de ton affaire; j'irai te le dire quand tu n'y seras pas.
LILINE. Comme j'y perdrai! voilà la chose : vous savez que mademoiselle, depuis six mois, a pris l'habitude de jouer en cheveux blonds; c'est d'autant plus ingénieux qu'elle a des yeux noirs et que, pendant ce temps-là, elle n'use pas ses cheveux bruns. Un prince cochinchinois qui vend des parapluies à ses moments perdus, fut entièrement séduit par ses charmes, et hier soir il l'a abordée à la sortie : «Mademoiselle, lui a-t-il dit, vous voyez devant vous un monsieur de noble souche qui dessèche d'amour pour vos cheveux blonds cendrés.» Tu vois la situation d'ici : le prince cochinchinois l'inondait de choses tendres, et Turlurette n'osait pas lever son voile, d'autant plus que justement elle avait ses cheveux dans sa poche, qu'elle emportait pour les faire démêler. Enfin, impatientée du discours du Cochinchinois, elle lui dit : « Je pense, monsieur, que vous vous trompez en me parlant à moi, et que je ne suis pas celle pour qui vous faites le pied de grue... — Pardon, réplique le Cochinchinois, vous êtes bien Turlurette. — Turlurette, répond-elle gravement. Turlurette vient d'être scalpée par un sauvage qui s'est glissé dans ses Lares; et la preuve, c'est que j'emporte ses cheveux pour aller faire sa déposition chez le commissaire de police », et elle sort de sa poche la perruque blonde. Le Cochinchinois a compris, et il s'est sauvé comme s'il avait rencontré son hôtier. Turlurette n'a eu que le temps de lui jeter à la face cette maxime instructive :

AIR : Apothicaire.

Vous vouliez, pour combler vos vœux,
Aimer une blonde dégantée et fraîche,
Et saisir l'occasion aux cheveux,
Mais, vous le voyez, n'y a pas mèche!
Pour que vous puissiez, dans vos r'grets,
Démêler tout' votre infortune,
Souvenez-vous qu'il ne faut jamais
Aimer une blonde à la brune! } Bis

TOUTES, riant. Ah! ah! ah!
LINDOR. Elle est bonne, celle-là. Il faudra que je la raconte à Machin, il en fera un vaudeville avec Chose, qui ira à 100.
LILINE. C'est toujours à ce numéro-là qu'ils vont, ses pièces à celui-là. C'est un rude auteur! Quand il laisse tomber ses manuscrits, je marche toujours dessus.
LE RÉGISSEUR. Ça porte bonheur.
ADÈLE. Oh! elle est méchante, cette Liline! Parce que son auteur est rouge, et qu'elle n'aime que les chauves.
TURLURETTE. Assez; on ne répète donc pas. J'ai affaire, moi. On m'attend au bois à trois heures.
LILINE. Si ça ne vous met pas en moiteur! Mademoiselle qui va au bois... chez son charbonnier, je ne dis pas.
TURLURETTE. Mademoiselle a bien été aux eaux de Cauterets... Oui, je vais au bois, dans ma voiture encore; fais-en donc autant.
LILINE. Oh! si on voulait bien.
TURLURETTE. Oui; mais ils ne veulent pas.
LILINE. Ah! voilà Victorine.
VICTORINE, entrant. Bonjour; mes chattes. Suis-je en retard?
LILINE. Ah, bien oui! ce n'est pas commencé seulement. Tiens, tu as une robe neuve?
VICTORINE. Un cadeau de mon père.
LILINE. De ton per...cepteur.
VICTORINE. De mon vrai père, dis donc, il m'a apporté ce matin pour ma fête.
LILINE. Pour ta fête!... mais c'est sainte Oculi aujourd'hui. Est-ce que tu t'appelles Oculi?
VICTORINE. Qu'est-ce que ça fait, fait? Est-elle curieuse, cette Liline, c'est pire qu'un corset. Ah! vous savez que Giselle se marie.
LILINE. Qui ça, Giselle?
VICTORINE. Une ancienne d'ici. Elle épouse un rôtisseur.
LILINE. A quelle mairie, s'il vous plaît?

VICTORINE. A la bonne ! et un rôtisseur très-calé encore.

LILINE. Elle lui mangera son fonds... On ne l'a donc pas prévenu, cet industriel ?

VICTORINE. Il paraît qu'ils sont pays. Tous deux de Nanterre.

LILINE. Giselle était de Nanterre ?

VICTORINE. A ce qu'elle dit...

LILINE. Elle en est comme moi.

VICTORINE. Au fait, elle peut bien en être.

LILINE. Pour ma part, je n'y vois pas d'inconvénient ; et elle quitte le théâtre pour la broche ?

VICTORINE. Certainement.

LILINE. Elle y reviendra. Une fois qu'on a goûté des planches, c'est comme à ses premières amours, on y revient toujours. C'est si joli les bravos.

VICTORINE. D'autant que les bravos...

TURLURETTE. Oui, on sait ce que ça coûte.

LILINE. C'est égal, un bravo sérieux, ça remue, ça émotionne. Le théâtre ! cristi ! s'il me fallait y renoncer, je crois que j'en pleurerais pendant huit nuits de suite.

AIR nouveau de M. GOURLIER.

Le théâtre est l'séjour suprême
De toutes les félicités ;
Au moins, là-dessus quand on vous aime
C'est bien sans infidélités.
Le public est un amant
Fort souvent
Très-exigeant
Mais il reste constant.
Ah! ah! ah!
Vive le théâtre!
Ah! ah! ah!
J'en suis idolâtre!
Ah! ah! ah!
Ce charmant endroit
Des plaisirs est le roi!
Ah!

REPRISE ENSEMBLE.
Ah! ah! ah! etc.

VICTORINE.
Du malheur si vous ét's victime,
Il cesse quand sonn' minuit.
Si vous y commettez un crime,
Il ne trouble pas votre nuit.
Les poignards sont des fictions,
Vos douleurs sont en cartons,
Les bravos seuls sont bons.
Ah! ah! ah!
Vive le théâtre, etc.

REPRISE ENSEMBLE.

(Sonne une cloche.)

TURLURETTE. Ah! la cloche... C'est la répétition.

LE RÉGISSEUR, rentrant. Allons, mesdames, place au théâtre, nous commençons... L'auteur ne viendra pas. Il paraît qu'on le conduit à Clichy dans ce moment-ci.

LILINE. Ça fait la troisième de mois... On devrait les emprisonner tous pour faire un exemple.

RÉGISSEUR. En place, en place... Commençons par le deuxième acte. Victorine, Victorine.

VICTORINE. Eh bien, me voilà... Est-ce qu'il y a le feu ?

LE RÉGISSEUR. A vous — allez... (Il a pris un manuscrit.) « Le pâtre de la montagne.

VICTORINE. Hum !... « Le pâtre de la montagne m'a fait dire ce matin avant l'aube qu'il avait à m'entretenir. » Dites donc, est-ce que ça n'est pas incohérent, ça ?

LE RÉGISSEUR. Quoi, ça ?

VICTORINE. Ce jeune pâtre qui me propose de m'entretenir...

LE RÉGISSEUR. Cette Victorine a des idées, ma parole... Allez toujours, ne vous inquiétez pas des incohérences... nous les connaissons mieux que vous.

VICTORINE. Qu'il est bête, cet Arthur !

LE RÉGISSEUR. Victorine, je vais vous mettre à l'amende.

VICTORINE. J'en ai déjà pour huit cents francs depuis le commencement du mois ; une de plus, une de moins.

LE RÉGISSEUR. Continuez sans interrompre davantage... Qu'a-t-il à me dire ?

VICTORINE. « Qu'a-t-il de dire ?... Veut-il me parler de Mikaël et me donner le moyen de le revoir... Mais, je ne me trompe pas... mon cœur a battu. Ce troubadour que j'aperçois au loin dans la plaine, monté sur un coursier intrépide, c'est lui, c'est Mikaël, il descend de sa monture, il accourt, oh ! c'est bien lui ! Dans mes bras, mon fiancé, dans mes bras. » Eh bien, où est-il ?... Lindor, Lindor, tu me laisses là, les bras en enseigne.

LINDOR. Voilà, c'est que j'avais quelque chose dans mon soulier...

VICTORINE. Je vais recommencer... « Dans mes bras, Mikaël, dans mes bras. »

LINDOR. Ma bien-aimée... Ah ! que ce jour est heureux pour moi.

VICTORINE. Que tu es beau !

LINDOR. Allons bon, tu m'as flanqué ton éventail dans l'œil... On ne devrait pas répéter avec des éventails... une bergère n'a pas d'éventail.

VICTORINE. Je ne l'ai pas fait exprès... Veux-tu que je souffle dedans?

LE RÉGISSEUR. Allons-y, allons-y, tu le souffleras plus tard.

VICTORINE. « Si tu savais comme il y a longtemps que j'attends... comme il y a longtemps que mon cœur te désire ; et toi, as-tu pensé à moi, ne m'as-tu pas fait d'infidélités? »

LINDOR. « Te tromper, Lasycas, toi pour qui je donnerais ma vie, mon sang... »

VICTORINE. Mikaël. »

LINDOR. Tiens, tu as de jolies boucles d'oreilles, qu'est-ce qui t'a donné ça ?

LE RÉGISSEUR. Ne nous arrêtons pas ; Mikaël...

VICTORINE. Mikaël...

LE RÉGISSEUR. Plus fort le Mikaël, tu ne l'accentues pas assez...

VICTORINE, criant. Mikaël !

LE RÉGISSEUR. Trop fort à présent... tu ne peux pas dire : Mikaël... un Mikaël onctueux...

VICTORINE. Mikaël...

LE RÉGISSEUR. C'est à peu près ça ; mais il faudra m'étudier ferme ce Mikaël-ci...

VICTORINE. Ça m'ennuie à dire... je crois toujours que c'est Mikaël l'esclave.

LE RÉGISSEUR. Qu'est-ce que ça fait?... c'est un autre Mikaël... il y a plus d'un troubadour à la foire qui s'appelle Mikaël... reprenons.

VICTORINE. « Tu sais que je dois quitter ce hameau ; le nouveau seigneur de cet endroit arrive aujourd'hui même, et l'on dit que ce seigneur est un tyran qui bat les femmes et mange les hommes.

LINDOR. Le nom, le nom de ce seigneur ?

VICTORINE. Racahout des Arabes, l'un des représentants de la noblesse de Rob...

LINDOR. Grands Dieux !

VICTORINE. Qu'as-tu ?

LINDOR. Cet homme ! cet homme ! je le connais ! il a tué ma mère, assassiné mon oncle, compromis ma sœur, et il me doit dix-sept francs soixante-quinze centimes. Victorine, je l'appelle par son vrai nom. « Hysisca, Hysisca, demeure dans cette contrée, au contraire ; si ce barbare homme cherche à te séduire, cela fera mon affaire, j'aurai au moins un prétexte plausible pour l'occire.

VICTORINE. Risquer tes jours, Mikaël, je ne le veux pas, je ne le veux pas. »

LE RÉGISSEUR. Vous dites ça comme les marionnettes ; vous montrez trop les ficelles, mes enfants ! « Je ne le veux pas, je ne le veux pas... » De Je ne le veux pas doit partir du cœur.

VICTORINE. C'est que j'ai mon corset.

LE RÉGISSEUR. En voilà une raison. Mais si tu jouais un rôle avec cuirasse.

VICTORINE. C'est pas la même chose.

LE RÉGISSEUR. Allons, passons, nous reprendrons ça plus tard... continuez.

VICTORINE. « Grands Dieux ! ces chants d'allégresse ! ils annoncent l'arrivée du Bacahout des Arabes. J'ai peur, Mikaël.

LINDOR. Rassure-toi, ma bien-aimée, ne suis-je pas là... D'ailleurs, nous allons nous cacher...

LE RÉGISSEUR. Allons, à moi, vous autres, et en avant le chœur.

LILINE. Turlurette, à nous...

TURLURETTE. J'y suis.

LE RÉGISSEUR. Un, deux, trois... Allez.

CHŒUR SANS MUSIQUE.

Ah! quel beau jour de fête!
Quelle chance complète!
Pour nous, cet heureux jour
Est plein d'joie et d'amour.

LE RÉGISSEUR. Adèle... plus fort, on ne t'entend pas.

ADÈLE. Merci... j'en ai mal dans le dos.

LE RÉGISSEUR. Reprenons et forte.

SCÈNE III.

LES MÊMES, UN GARÇON DE THÉÂTRE, puis DÉLASSEMENTS.

LE GARÇON, accourant. Arrêtez ! arrêtez !

LE RÉGISSEUR. Qu'y a-t-il ?

LE GARÇON. Ah ! monsieur Arthur, c'est le patron qui arrive.

TOUTES. Le patron !

LE GARÇON. Oui, les Délassements-Comiques... « Va faire suspendre la répétition, m'a-t-il dit en arrivant ; et il avait l'air grave. Je suis sûr qu'il y a quelque chose d'important... du reste, il me suit...

LE RÉGISSEUR. Que veut dire ce mystère ?

Mesdames, de la tenue; le patron va faire son entrée... En ligne !

CHŒUR.

Air : *La Gerbaude* (HENRION).

Vive, vive les Délassements!
Apportons-lui nos compliments;
Fêtons sa présence!
Pour nous quelle chance!
A ses enfants,
Petits et grands,
Il sait fair' des loisirs charmants.
Chantons (*bis*) sa verve du bon temps.
Vive les Délass'ments!

LES DÉLASSEMENTS.

Merci; mais vot' chant m' désespère,
Il n'a pas le don de m' divertir;
Et jo m'aigris le caractère
A c' point que je me sens maigrir.
Je crois que j' tourne au mélodrame,
J' maudis l' soir où j'ai reçu l' jour,
Hélas! et j'ai du noir dans l'âme,
Comme si j' venais de faire un four.
Ah! ah! ah!

REPRISE.

Vive, vive les Délassements, etc.

DÉLASSEMENTS. Qu'on suspende tout, qu'on arrête tout !
LE RÉGISSEUR. Mais, patron...
DÉLASSEMENTS. Il n'y a pas de mais, patron. — Voilà ce que j'ordonne. Ah! mes enfants, mes amis... je suis bien triste, bien altéré, vous voyez les Délassements dans une mare de tristesse, j'y patauge, mes enfants.
LILINE. Qu'avez-vous, patron, sans indiscrétion ?
DÉLASSEMENTS. J'ai... j'ai que je suis frit...
LILINE. Frit... j'y suis... on change les théâtres du boulevard.
VICTORINE. Nous déménageons ?...

Air *de Fanchon la Vielleuse*.

Dénoûment sans exemple,
Plus de boul'vard du Temple,
Notre chang'ment est décidé.

TURLURETTE.

Nos craint's sont chimériques,
On doit nous z' bâtir à côté!
Sans Délass'ments-Comiques
Que d'viendrait la Gaîté !

DÉLASSEMENTS. Non, ce n'est pas cela ! C'est autre chose, qui me démolira plus vite ! Le remords !
LILINE. Patron, avez vous été voir la *Jeunesse de Louis XI* ?...
DÉLASSEMENTS. Ah! mes amis, que j'ai donc de chagrin.
VICTORINE. Mais pourquoi ?
DÉLASSEMENTS. C'est un rêve, un rêve que j'ai fait hier... J'étais mollement couché, la tête appuyée sur les Funambules, les pieds sur le Lazary, je dormais du sommeil du juste, lorsqu'un homme enveloppé d'un manteau couleur de muraille m'apparut... Cet homme, mes enfants, cet homme...
VICTORINE. C'était ?
DÉLASSEMENTS. C'était une femme... Malheureux! me dit-elle. A quoi as-tu passé ta saison d'été? à jouer, rejouer et rejoueras-tu Folichons et Folichonnettes... Et cela, pendant que les Parisiens couraient : les uns à la mer, les autres en Allemagne ou en Suisse, ceux-ci aux maisons de jeu, ceux-là aux villes de bains. — Ton intérêt était de les suivre dans leurs voyages, ton rôle, d'étudier les mœurs par-ci, de photographier les ridicules par-là... et tu rapportais pour ton hiver une provision de tableaux pris sur le vif... — Il en est temps encore ! m'écriai-je. — Non, non! reprit le jeune homme, car cette jeune femme était un jeune homme, et une voix à la Mélingue me poursuivit en me criant : Trop tard !... monsieur le comte, trop tard !...
LILINE. Et ce jeune homme ?...
DÉLASSEMENTS. Non, cette jeune femme... Oui, ce jeune homme... c'était...

SCÈNE IV.

LES MÊMES, LE GUIDE-RICHARD.

LE GUIDE-RICHARD. C'était moi !...

Air : *Permission de dix heures*.

J' suis l' Guid'-Richard,
On me prend au départ
Pour bien savoir
Ce qu'il faut voir,
En voyag' du matin au soir;
Dans mon livret
Si coquet,
Si complet,
Tous les pays
Du globe sont compris.
J'vous mèn' partout,
Depuis Saint-Cloud
Et Montretout
Jusqu'au l'écrou
Et Tombouctou.
Brrr !... suivez le guide;
Presto! que vos paquets
Soient faits,
Et d'un pas rapide
Du ch'min de fer preuez les
Billets.
C'est l'heur' du loisir,
Coûte que coûte
Il faut partir,
En route! en route!
Sans retard
Le Guid'-Richard
Part.

REPRISE ENSEMBLE.

DÉLASSEMENTS. Peste! vous avez le fil...
LE GUIDE-RICHARD. Comme Ariane, le Guide-Richard de Thésée dans le labyrinthe du Jardin des Plantes de Crète.
DÉLASSEMENTS, *très vite*. Quel guide érudit !...
LE GUIDE. Plaît-il ?
DÉLASSEMENTS, *doucement*. Je dis : Quel guide érudit... Ah ça! mais, qui vous ramène sur mon boulevard ?
LE GUIDE. L'idée dont je t'ai parlé hier...
DÉLASSEMENTS. Ne m'avez vous pas dit qu'il était trop tard...
LE GUIDE. Une occasion se présente... les vacances... La moitié de Paris revient, l'autre moitié s'en va... fais comme l'autre moitié... partons, et tu auras encore bien des originaux à voir, bien des mœurs à critiquer, bien des types à recueillir... En route pour les vacances...
DÉLASSEMENTS. Au fait, pourquoi ne pas faire comme tout le monde...

LE GUIDE.

Air : *Rondeau des Deux Maîtresses*.

Mois des vacances,
Tu récompenses
Travaux, ennuis, chagrins, et cætera,
Et la jeunesse,
Avec tendresse,
Pour tes plaisirs toujours t'accueillera.
Pour l'écolier, livres, bibliothèques,
Tout en un jour fuit ses yeux fatigués,
Il laisse là l' *Jardin des Racin's grecques*
Pour se prom'ner bien mieux dans ses jardins plus gais.
Dame Basoche
Qui, sans reproche,
Ne rit jamais, quitte ses airs méchants.
Greffiers et juges,
Dieux! quels déluges
D'hommes de lois prenant la clef des champs!
Maint avoué fait un voyage en Suisse,
Maint avocat se repose en sa voix,
Et maint huissier trouvant le temps propice,
Comme chasseur fait de nouveaux exploits!
Laissant Homère
Et la grammaire,
Le professeur, plus léger, prend campos,
Et se retire,
Comme Tityre,
Au fond des bois pour chercher le repos.
L'étudiant, que sa famill' mijote,
Dans ses foyers passe ce mois si doux,
En promettant, pour tirer un' carotte,
De revenir bientôt planter ses choux.
Mois des vacances, etc.

REPRISE.

DÉLASSEMENTS. Eh bien !... mes enfants, ça vous va-t-il de voyager ?
LILINE. Tout de même...
TURLURETTE. Moi, j'ai besoin de changer d'air ; j'ai trop d'Arthurs dans mon existence.
LILINE. Il n'y a jamais de vacances dans son cœur.
TURLURETTE. Départ général...
DÉLASSEMENTS. Bravo !... Je suis votre chef de file... Et, pour que la pièce se fasse en route, je vais donner à chacun son grade et son emploi... En place !... je distribue les rôles...

Air *à genoux*.

En voyage partons,
Presto! détalons
Sans retard, sans façons,
Tournons.
Les talons,
Gagnons des cieux
Plus bleus!
Un séjour joyeux
Nous attend
A l'instant,
Allons-y gaiement.
Tu n'es le clinquant
Au minois piquant,
Où le regard s'allume,
Corsage peu monté,
Jupon écourté,
Tu seras le costume.
Tu seras l'air nouveau,
On t' criera bravo!
Aie un chant
Peu touchant,
Mais des motifs
Vifs;
Ris-toi des tra la la
Du grand Opéra,
Qu' les airs parisiens
Soient les tiens!

LES DÉLASSEMENTS EN VACANCES

Tu s'ras le pont-neuf,
Le vaud'ville veuf
De la joyeus' rengaine
Ne chant' plus, morgué!
De r'frain aussi gai
Que la faridondaine.
Calembour,
A ton tour,
Toi, viens sans détour,
Apaiser tous les maux
Avec tes jeux d' mots;
D' ton esprit
Chacun rit
Sans t' priser beaucoup
On t' vend à trois cents pour un sou.
Toi, mon p'tit trésor,
Tu seras l' décor,
Et toi la mise en scène;
Toi, tu s'ras l' bon mot...
Et toi le rondeau;
J'en veux à la douzaine.
Quant à toi, s'il te plait,
Tu seras l' couplet,
Le couplet bien écrit
Et rempli
D'esprit.
Vous avez, je le crois,
Chacun vos emplois...
Bravo! nous partons cette fois!
Si l'on vous fait d' l'œil,
N' fait's pas trop d'accueil
Au soupir, à l'œillade;
L'amoureux berné,
Doit êtr' promené
Pendant not' promenade.

REPRISE.
En voyage partons, etc.

DÉLASSEMENTS. Et maintenant, faisons nos paquets en cinq minutes. Au déménagement!

TOUTES. Au déménagement!

AIR : *Orphée aux Enfers.*

Emballons,
Et dépêchons,
Pour que notre départ
Puisse se faire sans retard.
Emballons,
Et dépêchons;
Agissons
Promptement,
Ne perdons pas un seul instant.

DÉLASSEMENTS.
O i, dans cette malle, à la hâte,
Dans un coin, mettons de côté
Ces objets d'or ou d'argent pâte,
Qui n'ont pas cours au Mont-d'-Piété.

CHŒUR.
Emballons!...

ADÈLE.
Moi, je prends cette clarinette.

TURLURETTE.
Je m'empare de ce mann'quin.

LINDOR.
J' mets l' chapeau chinois sur ma tête,
Je vais avoir l'air d'un pékin.

CHŒUR.
Emballons...

LILINE.
Ma crinoline est d' la partie,
C'est util' quand on va si loin,
Du serin qui me fait envie
J'en ferai la cage au besoin.

CHŒUR.
VICTORINE.
Moi, pour me montrer plus agile,
J'emport' n a vertu subito.

LILINE.
C'est un bagage assez fragile...
Tu n' prends pas le plus lourd fardeau.

CHŒUR.
TURLURETTE.
Diable! en partant comme la foudre,
J'oubliais les grâc's et les ris,
Aux yeux pour jeter de la poudre
Emportons la poudre de riz.

CHŒUR.
ARTHUR, *prenant la cloche et la donnant à Délassements.*
Quand l'instant du départ approche,
Et que vous quittez vot' clocher,
Saisissez-vous de cette cloche,
Afin que rien ne puiss' clocher.

CHŒUR.
VICTORINE.
Bah! du tambour je d'viens maîtresse,
Ça m' va d'avoir à taper s'sus.

DÉLASSEMENTS, *à Arthur.*
Mets sur mon dos la grosse caisse,
J' suis sûr de la remplir d'écus.

CHŒUR.
DÉLASSEMENTS.
Vous formez un aimable groupe,
Dont sont fiers les Délassements,
Comme un général, j'ai ma troupe,
Qui ne craint pas les engag'ments.

CHŒUR.

DÉLASSEMENTS. Et en route... Ah! un instant, Arthur...

ARTHUR. Patron ?...

DÉLASSEMENTS. Tu vas aller me prendre là-haut un costume d'invalide, et te placer à la porte avec un lampion à ton côté. Je te nomme gardien de mon immeuble; voilà la consigne : Empêcher l'Eldorado de prendre ma place quand je n'y serai pas, et envoyer au théâtre Beaumarchais les ours qui se présenteraient ici; et maintenant sommes-nous prêts ?

TOUTES. Prêts...

DÉLASSEMENTS. En route!

TOUTES. En route.

DÉLASSEMENTS. Pas accéléré! En avant, marche! avec accompagnement de gros-caisse!

AIR *nouveau de M. GOURLIER.*

CHŒUR.
Bon voyage,
Aux Délassements,
Vite! en deux temps
Enlevons not' bagage!
Bon voyage,
Aux Délassements,
Couverts d'argent puiss't-ils rev'nir céans.

J'aurai sur vous, mesdam's, un œil rigide,
Tout soupirant est d'avance battu;
Pas d'amoureux... en voyage, un bon guide
Doit toujour' être un dragon... de vertu.

TURLURETTE.
Si j'avais su m'en aller en vacance,
J'aurais pris l' temps de faire un créancier,
Et j' n'aurais pas commis l'inconséquence
D' payer c' matin ma bonne et mon loyer.

CHŒUR.
ARTHUR.
Si des messieurs voulant peindre leurs flammes
Adress'nt ici des messages mignons,
Que dois-je fair' des poulets de ces dames?

DÉLASSEMENTS.
Tu renverras les poulets aux pigeons.

CHŒUR.
VICTORINE.
Chacun voyage en août, en septembre...
Hier... un monsieur m'a dit sur le boul'vard,
Qu'il voudrait fair' l'voyage autour d'ma chambre;
Mais c' n'était pas, hélas! un Guld'... Richard.

CHŒUR.
LILINE.
Moi, je m' demand' ce que va dire Eugène,
Il est capabl' de s' plaindre à Léopold,
Qui pourrait bien l'aller r'dire à Gustave,
Ce qui pourrait m' brouiller avec Arthur.

CHŒUR.
DÉLASSEMENTS.
Les Délassements se mettent en voyage,
Ils vont courir à des succès nouveaux;
Soyez gentils... et que dans mon bagage,
En m'en allant, j'emporte vos bravos!

CHŒUR.

ACTE PREMIER

PREMIER TABLEAU

Intérieur d'une gare de chemin de fer.

SCÈNE PREMIÈRE.

LE MARCHAND DE JOURNAUX, VOYAGEURS, VOYAGEUSES, puis LAFLEUR.

AIR : *Polka des amours.*

Accourons
Soudain et dépêchons.
C'est l'moment ou jamais
De prendre ses
Billets.
Quand Paris
N'est plus l'séjour des ris,
Il faut partir
A la chass' du plaisir,
Courir.

LE MARCHAND DE JOURNAUX. Demandez *la Presse*, *la Patrie*, les nouvelles du jour... *Le Figaro.*

LAFLEUR, *entrant.* Me voici malgré moi revenu à l'embarcadère; j'ai rêvé toute la nuit du chiffre 17, la potence et le Normand. 17 est pour moi un nombre cabalistique. J'ai deux fois 17 ans. Je suis venu au monde le 17; la chambre de mon garni porte le n° 17, et il ne me reste plus que 17 sous: voilà au moins 17 fois que je me tiens ce langage. Si mes moyens me permettaient d'aller dans une ville de bain, ainsi nommée, parce qu'on y joue... je suis sûr que le 17 me ferait faire fortune; mais comment partir ? on ne voyage pas avec 17 sous.

LE MARCHAND. *La Presse*, les journaux du jour; *Le Figaro.*

LAFLEUR. Par quel moyen me transporter

en Allemagne au prix modique de 17 sous? Oh! la roulette! je la vois... j'en rêve... Le 17 me rendra millionnaire, j'en mettrais mes cheveux au feu! Hasard.... Hasard le Pâtre! protége-moi!...

LE MARCHAND, *lui frappant sur l'épaule*. Voulez-vous un journal, mon brave?

LAFLEUR. Au secours! sapristi, vous m'avez fait peur! je vous ai pris pour le hasard.

LE MARCHAND. Hasard, jamais... Je suis Criant... marchand de journaux, patenté, installé à perpétuité dans la gare du chemin de fer. Je suis chargé de vendre des feuilles publiques aux voyageurs qui désirent se distraire en route; et je vous prie de croire que le commerce roule.

AIR : *Papa les p'tits bateaux.*

On s'arrach' les journaux,
C'est une rage,
Quel tapage,
On s'arrach' les journaux
Les anciens comme les nouveaux,
Grands formats, feuill's de choux;
C'est un délire,
On veut tout lire,
Le lecteur sans dessus dessous
A trop peu d'un *Journal pour tous.*
Je le dis sans *Débats*,
C'est mon *Droit*, quelle *Presse!*
Qu'un *Messager* paraisse
L'*Pays* est sur ses pas.
Il sembl' qu'on soit resté
Un *Siècle* sans nouvelle,
Quoi! la *Patrie* a-t-elle
Un'telle
Anxiété.
C'est un *Charivari*
A croir' l'*Univers* en démence,
J' perds mon *Indépendance*;
Tant chacun ici
M'ahurit.
Le voyageur lettré,
Qui pour son plaisir s'expatrie,
N'a plus qu'une *Caus'rie*;
Il cause *du Monde illustré*.
Bref, je l'dis au total,
Paris, toi, recueilles
Tant d' journaux, tant de feuilles,
Tu d'viens *Paris-Journal*.
Et mon *Opinion*,
C'est que grâce à la vente
Je me fais une rente,
J' suis une *Illustration*.

REPRISE.

On s'arrache, etc.

LE MARCHAND. Désirez-vous les romans à la mode? Elle et lui, Lui et elle, Lui tout seul, Elle sans lui, Lui sans elle, Lui sans moi; le roman luit pour tout le monde.

LAFLEUR. En fait de roman, je ne lis que les feuilletons de *la Patrie*.

LE MARCHAND. Comme *les Drames de Paris*, *l'Histoire de monsieur Rocambolle*.

LAFLEUR. Ce Rocambolle est un gredin qui me réjouit; j'adore Rocambolle.

LE MARCHAND. Vous trouvez ça joli?

LAFLEUR. Monumental!

LE MARCHAND. Eh bien! moi, voilà mon opinion.

AIR *de Voltaire chez Ninon.*

Ces fameux *drames de Paris*
Ressemblent beaucoup aux *Mystères*

Qu'on fit déjà sur l'même pays,
Moins l'esprit et les caractères,
Moins le style et l'observation,
Moins l'Chouriacur et l'Maître d'école.

LAFLEUR.

Alors que leur reste-il donc?

LE MARCHAND.

Il leur reste la rocambolle,
Ce qui n' manque pas dans ce feuill'ton.
Ce sont, mon cher, les rocambolles.

LAFLEUR. Vous êtes sévère!

LE MARCHAND. Voilà comme je suis; prenez-moi plutôt le *Figaro*.

LAFLEUR. Dépenser 7 sous..., détruire mon nombre cabalistique... jamais.

LE MARCHAND. Voici *l'Omnibus*, c'est meilleur marché; vous lirez *l'Omnibus* en wagon.

LAFLEUR. Mais, malheureux, je ne pérégrine pas; mes moyens s'y opposent. Oh! je trouverai bien le moyen... il y va de ma fortune... O Rocambolle, inspire-moi. (*Il sort d'un côté; entrent de l'autre le Chemin de l'Ouest, le Chemin de Strasbourg, le Chemin de Lyon, et sir John.*)

SCÈNE II.

LE MARCHAND DE JOURNAUX, VOYAGEURS, LE CHEMIN DE L'OUEST, LE CHEMIN DE STRASBOURG, LE CHEMIN DE LYON, SIR JOHN.

LES CHEMINS.

ENSEMBLE.

AIR *du Domino.*

Veuillez, veuillez choisir, milord.
Tarder serait un tort.
Les moyens de transport
Sont de notre ressort.
Sans peine et sans effort,
Vous prendrez votre essor,
Vous irez à bon port.
Venez (*bis*) suivez les voyageurs.
Nos trains sont les meilleurs.
Bannissez vos frayeurs,
Grâce à nos conducteurs,
Et grâce à nos chauffeurs,
Les dams' mêm' sont sans peurs,
Et n'ont jamais d' vapeurs.

SIR JOHN. Aoh!... vous chatouillez moa.

LE CHEMIN DE LYON. Puisque vous voulez partir, venez avec moi, milord, je suis le Chemin de fer de Lyon, je vous conduirai en Suisse, en Italie.

SIR JOHN. Yès, yès... je voulais bien en aller, moa... mais je savais pas où diriger mon excursion.

LE CHEMIN DE STRASBOURG. Venez avec moi, mon petit père, je suis le Chemin de fer de Strasbourg, je vous ferai visiter l'Allemagne... joli pays. Choucroute et vin du Rhin, voilà ma devise.

LE CHEMIN DE LYON. Ne l'écoutez pas... venez en Suisse respirer le grand air du chalet.

Il faut me céder ta maîtresse.

LE CHEMIN DE L'OUEST. Allais, marchais!... mon oure-Manche, il n'y a de beau pays que la France en général et la Normandie en particulier. Croyez-en le Chemin de fer de l'Ouest, et suivez la bonne ligne, je vous ferai goûter de mon petit Calvados.

SIR JOHN. Calvados?

LE CHEMIN DE L'OUEST. Un petit cidre, dont vous me donnerez des nouvelles.

LE CHEMIN DE LYON. Elle veut vous faire aller avec son cidre de l'année courante.

TOUTES. Oui, oui... Non! non... Venez... venez avec moi... venez avec moi.

SIR JOHN. Aoh! ce' être schoking... Vous chiffonnez moa.

LE CHEMIN DE L'OUEST. Le fait est que l'Englishman a un petit minois chiffonné... Et moi, lisez donc mes pancartes jaunes dans les gares et sur les omnibus de chemin de fer : excursion sur les côtes de Normandie, aller et retour, 42 francs.

AIR : *Je vais revoir ma Normandie.*

Ah! venez voir ma Normandie
Et mes pommiers et mes bœufs gras;
Le refrain que je psalmodie,
Mylord, ne vous tente-t-il pas?
Que tous les Anglais soient mes hôtes,
Mon cidre vaut mieux que le vin;
Ah! venez, venez voir mes côtes,
Cela vaut bien, vaut bien les bords du Rhin.

LE CHEMIN DE STRASBOURG. Ah! si vous connaissiez l'Allemagne, le pays musical par excellence, vous n'hésiteriez pas à me suivre... Jugez plutôt par cette tyrolienne!

AIR : *Chant des Espagnes* (d'Hervé).

Y a, meinher... godferdom. Crompire,
Francfort-sur-Mein, Dusseldorf, Spire,
Manheim, Caisruh, Baden-Baden,
Voyage sur les bords du Rhin;
Carl, Maria, Weber,
Beethoven et Schiller,
Mozart et Meyerbeer,
Qui font de jolis airs comme M. Auber.
Tarteifle! ah! doyou dou
Como, state, charmante?
Comment vous portez-vous?
Voilà pourquoi je chante.
La la liou
La.

LE CHEMIN DE LYON. Si vous connaissiez le ranz de la Suisse, vous donneriez la préférence à son ranz.

SIR JOHN. Je demande qu'on laisse réfléchir moi-même.

LE CHEMIN DE STRASBOURG. A votre aise, mylord; mais vous me prendrez.

TOUTES. Vous me prendrez!

SIR JOHN. Yès, yès... oh! ce étaient des raseuses.

REPRISE DE L'ENSEMBLE.

(*Elles se dispersent et sortent.*)

SCÈNE III.

DÉLASSEMENTS, GUIDE.

DÉLASSEMENTS. Eh! là-bas, là-bas, attends-moi!

LE GUIDE. Comme tu marches doucement.

DÉLASSEMENTS. Madame, je marche avec le progrès. Où suis-je ici?

LE GUIDE. Dans la gare du chemin de fer; nous allons partir.

DÉLASSEMENTS. Partir? Ça me va; mais où ça, s'il vous plaît?

LE GUIDE. Consulte-moi.

DÉLASSEMENTS. Qu'est-ce que je fais donc?

je ne fais plus un pas sans toi. Comme les soldats : guide à gauche ou guide à droite.
LE GUIDE. As-tu tes bagages ?
DÉLASSEMENTS. Tout est prêt.
LE GUIDE. N'oublies-tu rien ?
DÉLASSEMENTS. Je me tâte que...

SCÈNE IV

LES MÊMES, LE PASSE-PORT,

LE PASSE-PORT. C'est moi que vous oubliez.
DÉLASSEMENTS. Quel est ce grand-ci ?
LE PASSE-PORT. Je suis le Passe-port. Laissez-moi prendre votre signalement. (*Écrivant.*) Taille ordinaire, front ordinaire, yeux ordinaires, bouche ordinaire, barbe et cheveux ordinaires.
DÉLASSEMENTS. Mais je ne me reconnais pas.
LE GUIDE. Ça n'a rien que d'ordinaire.
DÉLASSEMENTS. Je demande que vous inscriviez mes signes particuliers : j'ai une lentille dans le dos.
LE PASSE-PORT. Votre odservation n'a pas de poids...
DÉLASSEMENTS. C'est égal, mon bonhomme, vous êtes un peu arriéré.

Air : Mazaniello.

Pour le prix qu'un signal'ment coûte,
On devrait, suivant le progrès,
Des voyageurs qui s'mett'nt en route,
Donner maintenant les portraits.
Comment voulez-vous qu'on se fie
A vos signal'ments de hasard?
Employez la photographie,
Elle a plus d' succès qu'ell' n'a d'art. } *bis.*

LE PASSE-PORT. La photographie... connais pas.
DÉLASSEMENTS. Il ne connaît pas la photographie, c'est un passe-port arriéré. Tenez, mon fils, je suis en règle, lisez.
LE PASSE-PORT. Bon. (*Lisant à l'envers.*)
DÉLASSEMENTS. Pas de ce côté-là. Quel drôle de passe-port !
LE PASSE-PORT. C'est tout ce que je voulais savoir. Du moment que vous êtes nanti de papiers, je me retire.
DÉLASSEMENTS. Agréez mes devoirs.
(*Le Passe-port sort sur la ritournelle de l'air suivant.*)
DÉLASSEMENTS. Qu'est-ce ceci ?

SCÈNE V.

LES MÊMES, *moins* LE PASSE-PORT, LA BIBLIOTHÈQUE, LE BAZAR, LA FLEURISTE.

Air nouveau de M. GOURLIER.

Eh ! quoi, vous partez ainsi,
Sans nous dire un mot! merci!
Est-ce ainsi
Que d'ici
On s'éloigne? me voici,
Avant de quitter ces lieux
Nous voulons à qui mieux mieux
Offrir au voyageur
Le plus neuf et le meilleur.

LA FLEURISTE. Un joli bouquet, monsieur, dix francs, c'est pour rien.
DÉLASSEMENTS. Qu'est-ce que c'est que cette bouquetière, qui vous fleurit malgré vous, sans crier gare?
LA FLEURISTE. Je m'épanouis dans les embarcadères et mon commerce fait florès... C'est tout naturel... on ne trouve pas de fleurs à la campagne.
LA BIBLIOTHÈQUE. Je suis *la Bibliothèque des Chemins de fer*, voulez-vous les œuvres de Delavigne, imprimées sur raisin? Préférez-vous *le Tiers et le Quart*? Voulez-vous *la Grèce contemporaine*?
DÉLASSEMENTS. Elle va me pousser à bout.
LA BIBLIOTHÈQUE. Changez vos francs en livres; on s'ennuie tant en route.

Air

Quoique l'on marche un train d'enfer,
De se distraire on a l'envie,
Et souvent en chemin de fer
C'est effrayant comme on s'ennuie;
Pour éviter qu' pendant le trajet
Vous n' soyez trop mélancolique,
Il faut lire....

DÉLASSEMENTS.
J' vous comprends, c'est
Un système homœopathique.

DÉLASSEMENTS. Je vous comprends, c'est combattre l'ennui par l'ennui, c'est un système homœopathique. Dans tous les cas j'ai mon Guide.
LA BIBLIOTHÈQUE. Ça se lit, ça ne se relit pas.
LE BAZAR. Tout cela, c'est l'agréable, moi, je suis l'utile, mon bourgeois ; et puisque vous n'êtes pas venu chez moi, il faut bien que je vous relance ici. Je suis le Bazar des Voyages. Voulez-vous un sac de nuit, une malle, un carton à chapeau, un étui à parapluie, un hamac, une tente, un rond en caoutchouc ?... vous savez, ces ronds dans lesquels on souffle... et sur lesquels on s'asseoit. Préférez-vous un manteau en caoutchouc? des souliers en caoutchouc ?... un... vous savez ce que je veux dire... en caoutchouc. Vous savez ce que je veux dire? en caoutchouc. Par la grande vitesse, on n'arrête que quand la locomotive veut faire de l'eau... et alors...

Air de Pilati.

Caoutchouc, (*bis*)
On t'utilise beaucoup.
Caoutchouc (*bis*),
On te retrouve partout.

Cœur de plus d'une beauté,
Mélodrame à la Gaîté,
Homm' rempli d'intégrité
Qui tant de fois a prêté.

Caoutchouc, etc.

Conscience de Caton,
Estomac de maint glouton,
Interminable feuill'ton,
De vous, que dira-t-on ?

Caoutchouc, etc.

Et ceci, voyez si nous ne poussons pas le confort et l'utilité partout.
DÉLASSEMENTS. Qu'est-ce que c'est que ça, un foulard ?
BAZAR. Un foulard avec la carte de l'Europe dessus; est-ce commmode pour voyager? rien qu'en se mouchant on sait où l'on va.

DÉLASSEMENTS.

Air de Mortagne.

Sur ce mouchoir que je dév'loppe,
Ma foi, je suis assez surpris
De trouver la cart' de l'Europe,
Avec ses différents pays :
    Voici Dublin,
    Voici Berlin,
    Voici Pantin
Et Quimper Corentin;
Je trouve Arras
Et Carpentras,
Et puis London,
Capital' d'Albion.
Mais là, mon opinion franche,
Je crains, n' soyez pas étonnés,
Ayant le Pas-d'-Calais sous l' nez,
De m' moucher sur la Manche. (*Bis.*)

Merci, mes enfants, j'ai tout ce qu'il me faut, repassez l'année prochaine.

REPRISE DE L'ENSEMBLE.

Décidément avec qui vais-je aller? Avec qui vais-je partir ?

SCÈNE VI

LES MÊMES, LE CHEMIN DE L'OUEST, LE CHEMIN DE STRASBOURG, LE CHEMIN DE LYON.

LE CHEMIN DE L'OUEST. Avec moi.
LE CHEMIN DE STRASBOURG. Avec moi.
LE CHEMIN DE LYON. Avec moi !
LE GUIDE. Les chemins de l'Allemagne, de la Suisse et de la Normandie se disputent l'heur de t'emmener.
DÉLASSEMENTS. Je ne demande pas mieux que de visiter ces charmantes contrées ; mais par qui vais-je commencer ?
LE CHEMIN DE L'OUEST. Par la Normandie, dà !
DÉLASSEMENTS. C'est juste, la France d'abord ; va pour la Normandie, va pour la ligne de l'Ouest.
LE CHEMIN DE L'OUEST. Et je te ferai passer par un petit chemin....
DÉLASSEMENTS. Elle me tutoie... Eh ! là-bas ! nous n'avons pas gardé les wagons ensemble.
LE CHEMIN DE L'OUEST. Tu me vas..., fais-moi la cour, je me laisserai peut-être tenter.

DÉLASSEMENTS.

Air de la Famille de l'Apothicaire.

Je m'en vais sortir de mes gonds,
Je n'aime pas que l'on me force,
Arrêtez-vous, nous divaguons...
Ciel ! son bras enlace mon torse.

LE CHEMIN DE L'OUEST.
Quoi, mon amour vous est offert,
Et vous m' fuyez comme la peste.

LES DÉLASSEMENTS.
Assez, j' trouve que le chemin d' fer
De l'Ouest a quelque chose de l'Est. } *Bis.*

LE GUIDE. Bah ! à la campagne...
LE CHEMIN DE STRASBOURG. Quant à nous, nous allons vous attendre et annoncer votre arrivée...
DÉLASSEMENTS. C'est ça. (*son de cloche*) Le signal du départ, venez mon guide-âne,

non, venez mon guide, ne manquons pas le train. (*Sortie, reprise du chœur*).

SCÈNE VIII.

LES MÊMES, LAFLEUR, puis SIR JOHN.

LAFLEUR, *entrant et poussant un immense cri*. Ah!!

DÉLASSEMENTS. Qu'est ce que c'est que ça? un accident.

LAFLEUR. Trouvé, j'ai trouvé. *Eureka!*

DÉLASSEMENTS. Qu'est ce qu'il a celui-là?

LAFLEUR. Ah! Monsieur, écoutez, écoutez... c'est Rocambole qui me souffle cette idée ingénieuse, on peut en faire une nouvel'e à la main.

DÉLASSEMENTS. Il est fêlé, cet inconnu.

LAFLEUR. Voilà un jeune bohémien désirant voyager en Allemagne, et ne le pouvant faire faute de monnaie, a trouvé le stratagème suivant pour explorer la blonde Germanie sans frais.

DÉLASSEMENTS. Qu'est ce qu'il a fait?

LAFLEUR. Ce qu'il a fait! oh! sublime Rocambole merci! il a provoqué le comte de n'importe quoi, connu pour ses millions, et sous le prétexte que les duels sont défendus à Paris, il s'est fait payer le voyage par son adversaire peu désireux d'aller en cour d'assises. Depuis ce temps le Bohème est en Allemagne, il joue, il gagne... et ne se bat pas?...

DÉLASSEMENTS. Eh! bien?

LAFLEUR. Eh! bien? vous ne comprenez pas.

DÉLASSEMENTS. Pas du tout.

LAFLEUR. Vous avez l'intelligence épaisse, mon gros obèse; le premier étranger qui me tombe sous la main, je suis avec lui.

DÉLASSEMENTS. J'avais raison de dire qu'il était fêlé, il demande à fuir.

SIR JOHN *entrant*. Faites attention à mes malles, il y a dedans des valeurs, beaucoup de valeurs.

LAFLEUR. Voilà mon affaire. Un homme dont les malles sont pleines de valeurs, c'est le moment d'en avoir, au figuré, (*aux Délassements*) regardez; vous allez comprendre. (*à l'Anglais*) Monsieur, vous êtes un propre à rien...

SIR JOHN. Monsieur!

LAFLEUR. Un grigou, un sacripant (*il lui donne un coup de pied*), et voilà ma carte.

CHŒUR.

AIR *C'est vraiment*.

C'est vraiment (*bis*) trop d'audace,
Vengez-vous (*bis*) soyez prompt,
Ou sinon (*bis*) sur la face
Vous garderz (*bis*) votre affront.

SIR JOHN. Nous battrons nous-mêmes.

LAFLEUR. C'est bien comme cela que je l'entends.

SIR JOHN. Tout de suite.

LAFLEUR. Tout de suite.

SIR JOHN. Venez, le bois de Boulogne est renommé pour ces sortes de choses.

LAFLEUR. Au bois de Boulogne (*à part*) Rocambole, protège-moi. Et la cour d'assises, Monsieur?

SIR JOHN. La cour d'assises.

LAFLEUR. Les duels sont interdits en France, les lois sont très-sévères, vous et vos témoins pouvez être compromis, donnons-nous rendez-vous sur la frontière.

SIR JOHN. Oh! yès, je comprends, mais vò sauverez vò, partez avec moi.

LAFLEUR *à part*. Il y mord, il y mord... Oh! le 17 (*Haut*) Je ne demanderais pas mieux, mais je suis sorti de mon hôtel sans mettre d'or dans mon gousset. Je n'ai que 17 sous sur moi.

SIR JOHN. Je ne quitte pas vò, je prends le billet de vò, je prends le paquet de vò, je prends le bras de vò.

LAFLEUR. Très-bien, mylord, vous êtes un galant homme. (*A part*) Sauvé! Sauvé.

SIR JOHN. En route, et je tuerai vous.

LAFLEUR. Et moi donc?

LE CHEMIN DE L'OUEST. Allons, Messieurs, en voiture, on part, on part.

TOUS. En voiture (*Bruit de cloche*).

DÉLASSEMENTS. C'est égal, ce particulier est un adroit coquin.

CHŒUR.

Air *de la Gallegada*.

Quand la cloche nous appelle,
Courons au chemin de fer;
Des wagons, la ribambelle,
Va partir un train d'enfer.

(*On sort; changement.*)

DEUXIÈME TABLEAU

Une grotte sous-marine.

SCÈNE I

LE GUIDE, LES DÉLASSEMENTS.

LES DÉLASSEMENTS. Ah ça! où diable me conduis-tu?

LE GUIDE. Nous sommes en Normandie, au rendez-vous des ports de mer et des villes de bains.

LES DÉLASSEMENTS. Si j'avais su ça, j'aurais mis un peignoir.

LE GUIDE. Je vais te faire faire connaissance avec Dieppe, le Havre, Boulogne et autres ports de la Manche, te présenter les villes de jeu...

LES DÉLASSEMENTS. C'est une autre paire de manches.

LE GUIDE. Hombourg, Bade, Spa, et tu choisiras à ton aise le lieu où tu voudras passer tes vacances.

LES DÉLASSEMENTS. Ce Guide me traite en grand seigneur, j'ai eu raison de le prendre grand format.

LE GUIDE. Tais-toi et écoute.

LES DÉLASSEMENTS. J'écouterai, mais je ne me tairai pas.

SCÈNE II

LES MÊMES, DIEPPE, LE HAVRE, BOULOGNE.

ENSEMBLE.

Air : *Polka des Vieilles Gardes*. (DELIBES.)

Gens de Paris,
Par le soleil rôtis,
Vuez à loisir
Vous rafraîchir,
A nos bains d'mer;
Ça n' coûte pas cher,
Par le ch'min de fer
Vous filez comm' l'éclair.

LE HAVRE.
Je suis le Havre, quel beau port,
Venez me visiter d'abord.

DIEPPE.
Moi, je suis Dieppe; sans regrets,
Venez errer sur mes
Galets.

BOULOGNE.
Moi, j' suis, mon cher,
Boulogn'-sur-Mer,
Un port français
Où l'on n' voit qu' des
Anglais.

REPRISE.
Gens de Paris, etc.

LE HAVRE. Allons, mon gros, laissez-vous tenter, venez voir les bassins du Roi, le bassin de la Barre, le bassin du Commerce, le bassin de la Floride.

DÉLASSEMENTS. Que de bassins!

LE HAVRE. Nous monterons ensemble sur la tour de François premier.

DÉLASSEMENTS. Le Havre veut me faire voir ses tours.

LE HAVRE. Nous irons à Graville, à Ingouville, à Sainte-Adresse; voir le phare.

DÉLASSEMENTS.

AIR :

Moi, je vous parle ici sans fard;
Ah! vrai! vous n' manquez pas d'adresse.
Je vous visit'rai tôt ou tard;
Mais, en attendant, rien ne me presse.

LE HAVRE.
C'est l' mois où le Parisien
Aux bains d' Frascati se délasse.
Je vous hébergerai pour rien,
Venez voir le Havre... de grâce! } *Bis*.

DÉLASSEMENTS. Saprisli! un jeu de mots. C'est un Havre farceur.

LE HAVRE. Venez...

Après Constantinople, il n'est rien de plus beau.

DÉLASSEMENTS. Ah ça! mais vous parlez en vers! vous pincez de l'alexandrin!

LE GUIDE. Le Havre te cite un vers de son grand poète.

AIR : *Simple soldat*.

Et ce poète a droit, à tous égards,
A nos respects... nos gloires sont les siennes :
Il écrivit *l'École des Vieillards*...
La France encor redit ses *Messéniennes*...
Il consola le pays expirant;
On est plus grand, mais on n'est pas plus digne.
Le Havre peut le dire, en le montrant,
Je suis, car c'était mon enfant,
Fier de Casimir Delavigne. (*Bis.*)

DIEPPE. Eh bien!... et moi?... Est-ce que je n'ai pas aussi mes gloires? Le pilote Bousard dont vous verrez la maison près de la jetée... Et Ango?...

DÉLASSEMENTS. Ah! Ango!

DIEPPE. Vous le connaissez?

DÉLASSEMENTS. J'ai beaucoup connu sa mère.
DIEPPE. Qui ça ?
DÉLASSEMENTS. La mère Ango !
DIEPPE. Non, Ango, un armateur.
DÉLASSEMENTS. Un amateur ?
DIEPPE. Un armateur, à qui j'ai dû ma splendeur première.
DÉLASSEMENTS. Ma petite, c'est très-gentil à toi de me raconter ton histoire : mais j'aime mieux l'actualité.
DIEPPE. L'actualité, c'est mon fort...
DÉLASSEMENTS. Ah ! voyons le fort de Dieppe !
DIEPPE. Je viens de transformer mon établissement de bains de mer en palais de cristal... après les bains, j'ai tous les jours : concert, spectacle, bal, opérette.
DÉLASSEMENTS. Les Bouffes Parisiens de la Manche, quoi ?
DIEPPE. Et pour clore mes séances, une tombola monstre... voulez-vous un billet ?
DÉLASSEMENTS. Merci ; j'en ai un de la loterie du vase d'argent, que m'a légué mon arrière-grand-père.
DIEPPE. Chez moi, les loteries se tirent tout de suite... vous gagnerez un étui en ivoire, un bracelet en ivoire, un petit navire en ivoire, une canne à pomme d'ivoire, un râtelier en...
DÉLASSEMENTS. Ah ça ! tout est donc en ivoire chez vous ?
LE GUIDE. C'est l'industrie du pays... allons-y voir.
DIEPPE. Prenez-moi un billet, mon gros joufflu, encouragez la tombola dieppoise ; la tombola, cette cousine germaine de la loterie, cette petite-fille du loto.

AIR : *Friandise*. (NARGEOT.)

Vite, vite !
Qu'on s'invite
A prendre mes numéros.
Qu'on s'étonne,
Car je donne
A tous l' monde de gros
Lots.
Conscription, mariage,
La vie est un' tombola ;
C'est le hasard qui partage
En aveugle ces lots-là.

REPRISE.

Vite, vite, etc.

LE GUIDE.

La bonne philosophie
C'est de ne pas vouloir trop.
Heureux qui dans cette vie
Se contente de son lot!

REPRISE.

Vite, vite, etc.

DÉLASSEMENTS.

Un billet de loterie,
Ça coûte un franc, entre nous,
En n'en prononnt pas, j' parie
Que je gagnerai vingt sous.

REPRISE.

Vite, vite, etc.

DÉLASSEMENTS. Décidément, j'opte pour Dieppe.
BOULOGNE. Sans m'avoir laissé le temps de me faire connaître à vous... Ah ! si vous voyez la plage de Boulogne, cette plage immense et sablonneuse qui fait l'admiration des promeneurs... Venez et vous verrez une ville vraiment curieuse, une cité anglo-française, moitié pot-au-feu, moitié roosbeef, moitié vin, moitié thé. — On parle français à Londres, on parle anglais à Boulogne. — Mais, malgré mon apparence britannique on n'est pas plus nationale que moi, — je pense toujours au camp de Boulogne, et j'en ai d'ailleurs un souvenir visible... la colonne de la Grande Armée, la sœur de la colonne Vendôme.
DÉLASSEMENTS. Ah ! bravo... très-bien ! — Seulement, ma chère, ça ne se dit pas ces choses-là, ça se chante sur l'air de *la Sentinelle*. — J'aime mieux Dieppe, c'est plus sans façon.

SCÈNE III.

LES MÊMES, CABOURG.

CABOURG. Du sans façon, voilà ! des draps blancs et du vin bleu : demandez, faites-vous servir. Comment, bonhomme Délassements, tu cherches un port où l'on s'amuse, où l'on rit, où l'on est reçu à la bonne franquette, et tu ne penses pas à moi, — moi, l'oasis des gens de théâtre, le refuge des pêcheurs...
DÉLASSEMENTS. Connais pas... je vais demander à mon guide...
LE GUIDE. Oh ! un trou... un village de nouvelle création... une contrefaçon d'Etretat... cette ravissante solitude inventée par l'auteur *des Guêpes*... un homme d'esprit qui a pris la mouche...
CABOURG. Tu ne veux pas dire du bien de moi, Guide ? — Eh bien ! si tu ne fais pas mon éloge, je le ferai moi-même, et d'abord mon nom ? Cabourg.

AIR : *Nous avons-t'i bu*. (BÉRAT.)

Oui, je suis Cabourg,
J'appelle à mon tour
Tout l' monde
A la ronde.
Oui, je suis Cabourg,
Et j' veux, sans fair' four,
D'venir le séjour,
Un jour
D' la joie et d' l'amour.
Je n'étais qu'un bourg,
Un' plage déserte ;
Un auteur, un jour,
Fit ma découverte.
Il me dit: Eh ben !
Sois un' vill' de bain ;
Je comble ton vœu,
Dis : Merci, mon Dieu !

Pouvais-je résister à l'apostrophe de cet auteur ? Oh non !... aussi m'écriai-je avec des larmes dans la voix : Merci, mon Dieu ! Oh ! oui, merci ! car depuis ce temps ma grève sauvage s'est peuplée de baigneurs, mes terrains se sont couverts de maisons. — Je n'étais qu'une infime bourgade et je suis une ville... Cabourg-Dives.

Oui, je suis Cabourg, etc.

Je r'çois les acteurs,
Je r'çois les actrices,
Et les directeurs
Et leurs directrices;
Je r'çois les auteurs,
Je r'çois les chanteurs;
Mais l' plus clair : eh bien!
C'est que j' ne r'çois rien.

Dam! il se regardent tous chez moi comme chez eux. — Les dames me payent en sourires, les messieurs en chansons, et personne ne veut *changer*. — Allons, mon petit Guide, faites-moi un tantinet de réclame, expédiez-moi franco des Anglais pour de bon, des Moscovites pour de vrai, des Nababs contrôlés par la monnaie. — Si vous saviez quels beaux projets je veux réaliser !... D'abord une grande place, la place de la Croix de ma Mère, et puis quatre grandes voies ouvrant sur cette place : la rue du Sauvé Seigneur, le boulevard du Trop tard-Colonel, le passage des Où Suis-je, et le carrefour du Que je Souffre ! Nous avons déjà la rue Lapeyrouse ; il y a un boulanger qui veut m'acheter le coin de la rue Lapeyrouse, seulement il veut que je l'appelle rue du Four.

REPRISE.

Oui, je suis Cabourg, etc.

DÉLASSEMENTS. Cette petite ville de Cabourg me va... Cabourg bourg du cabotage... c'est mon affaire... va devant, ma biche, et fais-nous préparer un plat de poissons aux petits oignons.
LE GUIDE. Du poisson; mais les ports de mer n'en n'ont pas.
DÉLASSEMENTS. Comment, Dieppe, Boulogne, le Havre ?
LE HAVRE. Pas le moindre turbot.
BOULOGNE. Pas la plus petite alose.
DIEPPE. Pas le plus petit hareng.

DÉLASSEMENTS.

AIR *du Charlatanisme*.

Quoi ! pas de poissons à la mer ?
Ah ! la nouvelle est curieuse :
Moi qui croyais chaque port fier
De sa pêche miraculeuse.

DIEPPE.

Nous avons, soyez moins surpris,
Des coups d' filets que rien n'égale ;
Mais not' poisson... c'est pour Paris ;
Quand nous voulons en manger à tout prix,
Nous en faisons v'nir de la halle. (*Bis*.)

DÉLASSEMENTS. Diable !... c'est beaucoup de frais...
CABOURG. En route, je vais vous présenter à mon père et maire.
LE GUIDE. Alors, tu ne fais pas ton tour à l'étranger... Voici justement le Rhin qui arrive.
DÉLASSEMENTS. Le Rhin ?... Au fait, je ne serais pas fâché de faire sa connaissance.

SCÈNE IV.

LES MÊMES, LE RHIN.

LE RHIN.

AIR : *C'est encor moi*. (Victorine.)

Je suis le Rhin (*bis*.)
Le fleuve roi de l'Allemagne,
Majestueux et souverain,

2.

Je roule à travers la campagne,
Je suis le Rhin (bis.)
J'ai presque l'air d'un dieu marin.

DÉLASSEMENS. Ah bien!... non... il est trop solennel... je préfère la Seine... La-i-tou, tra la la, la la.

LE RHIN. Chut! je fais des manières devant le monde, mais je suis bon enfant au fond... Voulez-vous que je vous inonde d'eau de Cologne... et autres parfums ejusdem FARINA? Que je vous comble de choucroute? Que je vous entrelarde de jambons de Mayence?

LE GUIDE. Vous avez mieux que ça.

LE RHIN. Oh! oui, mon vin du Rhin... parlons-en...

DÉLASSEMENS. Non, goûtons-en...

LE RHIN. Volontiers... (On apporte du vin.)

Air : *Page de madame Malborough.* (F. BARBIER.)

Tin, tin, tin,
Une treille
Sans pareille,
Tin, tin, tin,
C'est celle du vin
Du Rhin,
Tin, tin, tin,
Sa bouteille
Nous réveille,
Tin, tin, tin (bis.)
Son vin
Est fin
Et divin.
Ce vin blanc que l'on renomme,
Ce cru si bon, si choisi,
A, pour enflammer son homme,
Un goût de pierre de fusil.
Tout prend un air de fête,
Il vous monte à la tête;
Mais il vient un moment
Où, saisi d'un beau zèle,
On cherche une querelle,
Une querell' d'All'mand.
Oui, mais en attendant,
Tin, tin, tin.

REPRISE ENSEMBLE.

DÉLASSEMENS.

Je sens ma cervell' qui bouge,
Et, je vous en fais l'aveu,
Je préfère not' vin rouge,
Not' vin blanc, not' petit bleu.
Je ne voudrais pas faire
D' vot' vin mon ordinaire;
C'est un' drôl' de liqueur,
C'pendant j'y reviens encore,
Notre vin tricolore
N' m'en paraîtra qu' meilleur,
Pourtant, r'disons en chœur :
Tin, tin, tin; etc.

REPRISE.

Tin, tin, tin, etc.

LE RHIN, *à part*. Ah! tu méprises le vin du Rhin! Attends! (*Haut.*) Eh bien! vous vous y faites tout de même.

DÉLASSEMENS. Ya, meinherr. Che finis par le drouver pon... Ah! mein Gott!...

LE GUIDE. Quoi donc?

DÉLASSEMENS. Chai trop pu te fin tu Rhin... Foilà que che barle allemand... Ah! la yung frau... rentez-moi mon langue... ya... ya!...

LE GUIDE. Je n'y puis rien.

DÉLASSEMENS. Bauvres Télassements... obliché maintenant te jouer tu Schiller ou tu Goëthe... paragoiner allemand. Tartei-fle... mais c'est que che m'étrancle... Au segours... au segours...

SCÈNE V

LES MÊMES, BADE, HOMBOURG, SPA.

CHŒUR.

Air *de Fernand Cortès*.

Pourquoi ces cris? grands dieux!
Et que peut-on lui faire?
Pourquoi ces cris affreux?
Accourons en ces lieux.

DÉLASSEMENS.

Ah! bar bidié! ya! ya!...
Rentez-moi mon grammaire;
Ch'aimerais mieux, oui-tà!
Barler en charabia.

REPRISE.

Pourquoi ces cris, etc.

DÉLASSEMENS. Moi... boufoir plis barler français.... Nix!... nix!... qui me télivrera te ce mann spricht deutsch?... C'est ce bolisson te Rhin qui s'est fenché, barce que chai trouvé son fin maufais...

BADE. Vite! vite!... avalez ce verre d'eau claire.

DÉLASSEMENS. Ya, je me risque, (*Il boit.*) O miracle, et à qui dois-je cette cure merveilleuse?

BADE. Aux eaux de Bade...

DÉLASSEMENS. Vous ne badinez pas.

BADE. Demandez plutôt à votre Guide.

LE GUIDE. Bade, ville de Souabe, à 670 kilomètres de Paris ; 3,599 habitants, le quatre millième est sous presse... 26 sources minérales... magnifique château... paysages ravissants... fabrique de badines.

DÉLASSEMENS. Et ces dames?...

HOMBOURG. Hombourg, ville de jeu.

SPA. Spa, ville d'eau.

DÉLASSEMENS. Villed... Je connais une rue de ce nom-là... Mais rien ne saurait me séduire... la reconnaissance m'entraîne vers Bade... C'est à Bade que je vais.

LE RHIN. Et pour nous remettre bien ensemble, tu suivras mes bords en bateau à vapeur...

DÉLASSEMENS. Ce qui ne m'empêchera pas de vous rendre plus tard à toutes une visite de politesse.

Air : *De mes légèretés.* (As-tu vu la Comète?)

Je m'en vais aux
Vill's d'eaux;
Je commence ma promenade
Par la ville de Bade
Où je retrouvrai nos
Badauds.

BADE.

Bade est un lieu badin;
Les eaux sont un prétexte,
Et l'amour est le texte
Qu'on y traduit sans fin.
Pour entret'nir le feu
Des beautés qu'on encense,
On a du moins la chance
De fair' fortune au jeu.

DIEPPE, *aux Délassemens*.

Renoncez au désir
D'un plaisir
Dont mon cœur se navre,
Venez à Dieppe, au Havre,
Dossiez-vous v'nir
En train d' plaisir.

SPA.

Le plaisir est à Spa,
Mon cher, veuillez me croire,
Car la rouge et la noire
Ne trônent plus que là.
Venez, ne craignez pas
De faire une boulette;
Dites à la roulette :
Attendez! j'y vais de c' pas.

HOMBOURG.

Non, venez à Hombourg,
On y joue et l'on s'y délasse,
En allant à la chasse
Dans les grand's forêts d'alentour.

CABOURG.

Hombourg,
Hombourg,
Strasbourg.
Tout cela rime ensemble;
C'est égal, il me semble
Que mêm' Saint-Pétersbourg
Et la vill' de Cherbourg,
Avec ses Cherbourgeoises,
Sont autant de Pontoises,
Auprès de moi, Cabourg.

DÉLASSEMENS, *entouré par les personnages qui se le disputent*. Assez!... assez! vous m'em... badez.

REPRISE ENSEMBLE.

LES DÉLASSEMENS.

Je m'en vais aux vill's d'eaux, etc.

LES AUTRES.

Il part pour les vill's d'eaux, etc.

(*Sortie générale.*)

TROISIÈME TABLEAU

Bade.

L'extérieur du salon de conversation.

—

SCÈNE PREMIÈRE.

LES DÉLASSEMENS, LAFLEUR, LE GUIDE, puis SIR JOHN.

LE GUIDE. Par ici, monsieur...

LES DÉLASSEMENS. Ah! voilà mon Guide avec le coquin du chemin de fer.

LAFLEUR. Enfin, j'y suis... voilà le salon... là, la fortune... là, le 17...

LES DÉLASSEMENS. Vous n'êtes donc pas tué...

LAFLEUR. Par mon Anglais... non... Depuis un mois je le trimbale partout... Il m'a hébergé... il me nourrit, il me met de l'argent dans mes poches... J'ai fait 17,000 fr. d'économies... il fait bien les choses, ce grand Breton...

LES DÉLASSEMENS. Et le duel?

LAFLEUR. Il en parle toujours... Je dois même avouer qu'il commence à s'impatienter : il voulait se battre à Strasbourg, à Kehl... ici, mais partout je lui ai représenté

la route émaillée d'agents de police... Cependant, nous devons nous battre ce soir dans la forêt Noire... c'est décidé...
LES DÉLASSEMENTS. Et vous n'êtes pas plus ému que ça...
LAFLEUR. Emu... et si, je le suis... La fortune me fait des avances... je vais gagner plusieurs millions, et je te lui brûle la politesse... Mais soyez tranquille, je lui rembourserai ses dépenses... mais je bavarde, et la déesse aux yeux bandés m'appelle... Monsieur, je vous laisse, je vais prendre un bain d'or...
LES DÉLASSEMENTS. Cocasse... Vous êtes cocasse...
LAFLEUR. Adieu, je vais essayer le 17...
SIR JOHN, entrant. Arrêtez.
LAFLEUR. Mon Anglais...
SIR JOHN. Je viens de voir la forêt... il était vide... Je voulais battre moi, tout de suite... J'avais affaire à London, je devrais y être depuis quinze jours... battons-nous...
LAFLEUR. Non, ce soir, le rendez-vous est pour ce soir seulement...
SIR JOHN. Ça m'est égal... Mon temps est cher, sans cela... venez, que je lave mon injure, que j'efface le soufflet de moi...
LES DÉLASSEMENTS. Il appelle ça un soufflet... ce que c'est que de pas savoir la langue !
LAFLEUR. Impossible, cher... ce soir je serai votre homme. (A part.) Merci, et ma petite partie ? (Haut.) Pardon, on m'attend en ce séjour.
SIR JOHN. Vous n'entrerez pas ! je voulais me débarrasser tout de suite de mon affaire.
LAFLEUR. Mais, malheureux, je puis vous tuer.
SIR JOHN. Je serai contrarié, mais je ne craignais pas le... Comment dites-vous ce qu'on met dans la bouche du cheval ?
LE GUIDE. Le mors...
SIR JOHN. Oh ! yès, je ne craignais pas le mors... Venez.
LAFLEUR. Minute, j'aime mieux faire des excuses.
SIR JOHN. Des excuses... yès, mais par écrit...
LAFLEUR. Par écrit... (A part.) Oh ! ma dignité, je te sacrifie à mon ambition... (Ecrivant.) J'ai
SIR JOHN. Ecrivez sur mon carnet...
LAFLEUR. Mais, c'est parce que vous êtes pressé, sans cela, allez... (Ecrivant.) J'ai provoqué sir John, je lui fais mes sincères excuses, et je regrette le mouvement de vivacité, avec lesquels je suis son humble serviteur, La Fleur.
SIR JOHN. Très bien... Mais ce n'est pas tout... (Il lui flanque un coup de pied.) Nous sommes quittes...
LAFLEUR. Mylord...
SIR JOHN. Quoi ?...
LAFLEUR. J'accepte également vos excuses... et maintenant, allons cacher ma honte dans un déluge de florins...
SIR JOHN. Allons, je partir pour London...

ENSEMBLE.

Air du Fils de famille.

L'aventure est drôle,
Mais, en vérité,

C'est jouer un rôle
Qui manque de dignité.

(Lafleur entre dans le salon de jeu; sir John sort).

SCÈNE II.
DÉLASSEMENT, LE GUIDE, LE PROFESSEUR.

LE GUIDE. N'est-ce pas, qu'on rencontre bien des originaux à Bade ?... et ce n'est pas tout, regarde...
LES DÉLASSEMENTS. Quel est ce monsieur ?...
LE PROFESSEUR. Le jeu... le roi du jeu, dont les premiers ministres sont les croupiers. Ma haute expérience m'a fait conquérir cette place que je remplis, j'ose le dire, avec science et activité...
LES DÉLASSEMENTS. Croupier, qu'est-ce que c'est que cela ?
LE GUIDE. C'est le Bertrand qui croque les marrons que ce pauvre Raton retire du feu, et ne croyez pas que cette race ne pullule qu'à Bade, à Ems, à Hombourg... vous la trouverez partout... Le croupier, c'est l'exploiteur...

Air Tron, la, la.

Le croupier, palsambleu !
Ne se trouve pas qu'au jeu,
Dans le monde et dans l'art
On le voit de toute part.
Des inventeurs inconnus,
Sans pain souvent, et pieds nus,
Qui patronn' l'invention
Et gard' pour lui le renom ?
Le croupier, palsambleu ! etc., etc.

Cette femme dont l'époux
N' peut satisfair' tous les goûts,
Et qui n' va jamais à pied,
A pris un riche croupier.
Le croupier, palsambleu ! etc., etc.

LES DÉLASSEMENTS. Mais, enfin, qu'est-ce que ce fameux jeu ?
LE PROFESSEUR. Vous voulez le savoir... Rouge et Noire, paraissez...

SCÈNE III.
LES MÊMES, LA ROUGE, LA NOIRE.

LA ROUGE et LA NOIRE.

ENSEMBLE.

Air du Réveil matin (HENRION).

Nous somm's la rouge et la noire,
Nous somm's les deux sœurs ;
Grâce à nous, pour un déboire,
Combien de douceurs !
Aussitôt qu'on nous approche,
L'argent à la main,
Les écus dans votre poche
Sautillent soudain.
Tin ! tin ! tin ! (Bis.)
Nous remplirons votre poche,
Tin ! tin ! tin !
Du soir au matin...

REPRISE.

LE PROFESSEUR.

A Paris, ell's étaient reines
Du Palais-Royal,
Mais, hélas ! voyez leurs peines,
On les jugea mal...
On les chasse, on leur reproche
Les coups du destin...
Mensonge ! — Rien dans la poche
Et rien dans la main.

LA ROUGE et LA NOIRE.

Tin ! tin ! tin ! (Bis.)

REPRISE.

Tin ! tin ! tin ! etc., etc., etc.

LE GUIDE.

Moi, je vous mets à votre aise,
Je n' reproche rien
Aux anciens's dam's du Cent-Treize,
Elles voulaient not' bien.
Que ce trait que j' vous décoche
Serv' d'avis certain
Au pigeon qui vous approche
L'argent à la main.

LA ROUGE et LA NOIRE.

Tin ! tin ! tin ! (Bis.)

REPRISE.

Tin ! tin ! tin ! etc., etc. (Bis.)

LE PROFESSEUR. Et maintenant, je vais vous expliquer le mécanisme de ce jeu, simple comme bonjour. — Placez dix francs sur la Rouge.
DÉLASSEMENTS. Vous m'empruntez dix francs.
LE PROFESSEUR. Je ne vous demande pas de me donner dix francs, je vous dis de placer dix francs sur la Rouge.
DÉLASSEMENTS. Voilà... (Il donne dix francs à la Rouge.) Elle ne me remercie seulement pas.
LE PROFESSEUR. Attention. Noire, pair, passe, c'est perdu. (La Noire sort.)
DÉLASSEMENTS. Comment ?
LE PROFESSEUR. Vous voyez bien, c'est la Noire qui est sortie.
LA ROUGE la rappelant. Viens, ma sœur. (Lui donnant les dix francs.) Tiens, c'est pour toi.
LA NOIRE. Merci...
DÉLASSEMENTS. Hé ! la négresse, c'est à moi que vous deviez dire merci.
LE PROFESSEUR. Il faut rattraper ça...
LE GUIDE. Ne courez pas après votre argent.
LE PROFESSEUR. Vous le rattraperez sans courir. Cette fois, placez dix francs sur la Noire.
DÉLASSEMENTS. Voilà. (Il donne dix francs à la Noire.)
LE PROFESSEUR. Rien ne va plus, rouge, pair, manque. (La Rouge s'en va.)
DÉLASSEMENTS. Eh bien !
LE PROFESSEUR. Encore perdu... la Rouge est sortie.
LA NOIRE, la rappelant et donnant les dix francs à la Rouge. Pst ! l'empoche.
DÉLASSEMENTS. Mais, j'ai toujours perdu !
LE PROFESSEUR. Eh bien ! comprenez-vous ?
DÉLASSEMENTS. Je comprends que j'ai perdu vingt francs.
LE GUIDE. Qui ponte sans son hôte, ponte deux fois.
DÉLASSEMENTS. Et je m'explique le mécanisme ; quand la Rouge s'en va, c'est

qu'elle emporte votre argent ; c'est très-avantageux... pour la banque.

LE PROFESSEUR. Vous allez vous rattraper et faire un bénéfice. Donnez-moi un louis, et je vous apprends à martingaler....

DÉLASSEMENTS. Martingaler. Qu'est-ce que ce Martin-là ?

LE GUIDE. Un moyen infaillible pour perdre dix fois plus...

DÉLASSEMENTS. Merci, je sors d'en prendre ; je renonce au jeu, soyons moral ; puisse l'exemple de ma déconfiture guérir mes concitoyens de la passion du jeu !

LE PROFESSEUR. Allons donc, vous ne guérirez personne, d'autant plus que voilà notre meilleure réclame.

SCÈNE IV.

LES MÊMES, LE MONSIEUR, LAFLEUR.

LE MONSIEUR, *entrant*.

Air : *Koukouli*.

J'ai gagné (4 *fois*),
Plus d'air refrogné,
De colère !
J'ai gagné (*Bis*)
Dans mon destin prospère
Je fais un dieu,
Du jeu...

Est-il émotion plus belle ?
Être le favori du sort !
Un soleil de florins ruisselle
Et mejette ses rayons d'or ;
, plaisir ma raison chancelle,
C r je puis m'écrier encor :
J'ai gagné (4 *fois*).

(*Le Professeur, la Rouge et la Noire entourent le Monsieur et le félicitent*).

LAFLEUR, *entrant*.

(*Même air*).

J'ai perdu (4 *fois*),
Me voilà mordu ;
Sans ressource,
J'ai perdu (*Bis*),
Ah ! plus rien dans ma bourse,
Qu'on jette au feu
Le jeu.

Fut-il malheur aussi rapide,
Être ainsi le jouet du sort,
Avoir sa bourse à sec et vide,
Et n'avoir plus de montre en or !
C'est à songer au suicide
Tant que je pourrai dire encor :
J'ai perdu (4 *fois*).

DÉLASSEMENTS. Vous avez perdu ?

LAFLEUR. Ruiné ! Mes 17,000 francs y ont passé... Mon rêve m'a trompé. Fiez-vous aux songes ! J'ai des envies de me brûler la cervelle comme Werther.

DÉLASSEMENTS. Grands dieux !

LAFLEUR. Soyez tranquille, je n'en ferai rien ; et cependant ce rêve était bien tracé, le 17 devait m'enrichir, c'était écrit.

DÉLASSEMENTS. Après ça, ce n'était peut-être pas à Bade.

LAFLEUR. Au fait, vous m'ouvrez un horizon.

SCÈNE V.

LES MÊMES, SIR JOHN.

SIR JOHN. Là... je étais prêt... dans deux jours je serai à London.

LAFLEUR. Mon Anglais.

DÉLASSEMENTS. Allez à Hombourg.

LAFLEUR. Je n'ai plus un maravédis. Ah !

DÉLASSEMENTS. Quoi ?

LAFLEUR, *à Sir John*. Monsieur, vous êtes un propre à rien !

SIR JOHN. Encore ?

LAFLEUR. Un sacripant, un coquin. Voilà mon adresse.

SIR JOHN. Oh ! ce était trop fort, et cette fois je tuerai vous ; vos armes ?

LAFLEUR. Le canon rayé.

SIR JOHN. Votre lieu ?

LAFLEUR. Hombourg.

SIR JOHN. Hombourg, soit, partons.

DÉLASSEMENTS. Décidément, il est trop fort !

SIR JOHN. Mais prenez garde à vô, je trépasserai vô.

LAFLEUR. C'est ce que nous verrons, 17 je me fie à toi ! En avant la Rocambole !

Air : *Anglais*.

Partons en diligence
Pour Hombourg,
Et que la bonne chance
Ait son tour.

SIR JOHN.

Cett' Français commence
A me embêter un peu ,
De mon patience
Voulait-il se faire un jeu ?

REPRISE.

LAFLEUR.

Partons en diligence
Pour Hombourg,
Et que la bonne chance
Ait son tour.

LES AUTRES PERSONNAGES.

Partez en diligence
Pour Hombourg,
Que bientôt la vengeance
Ait son tour.

(*Sortie.*)

SCÈNE VI.

DÉLASSEMENTS, LE GUIDE.

LE GUIDE. Eh bien ! que dis-tu de tout cela ?

DÉLASSEMENTS. Je dis que si c'est là du réalisme, j'aime mieux la fiction ; si c'est la vérité, j'aime mieux le mensonge : je préfère la fantaisie, c'est mon lot, mon ballot. Menez-moi dans un endroit qui ne soit pas sur votre livret, dans un pays qu'on ne trouve pas sur la carte, dans un monde enfin qui me repose de tous vos jeux renouvelés des Grecs.

Air : *Trompons-nous* (BEAUPLAN).

J' voudrais trouver dans ce pays
Des femm's fidèl's à leurs maris,
De sincères amis
Et des log'ments à bas prix,
Des jeun's fill's se mariant
Sans avoir un sou vaillant ;
Des créanciers donnant
Aux débiteurs de l'argent,
Un pays où l'amour
N' suiv' pas la bourse du jour.

LE GUIDE.

Ce pays fait exprès,
Je le dis à regrets,
Mon cher, n'exista jamais.
Viens pourtant,
A l'instant,
Bon espoir,
Nous allons voir,
Un pays fort curieux,
Et bien fait pour charmer tes yeux.

REPRISE.

Mais pourtant
A l'instant, etc., etc.

(*Ils sortent. Changement*).

QUATRIÈME TABLEAU

Un village pittoresque.

SCÈNE I.

UNE FACTIONNAIRE, *au fond*, GRASSOUILLETTE, QUATRE SOLDATS. *Au changement, la factionnaire au fond, avec son fusil, sur un bruit de marche*.

LA FACTIONNAIRE. Qui vive ?

GRASSOUILLETTE. Patrouille.

LA FACTIONNAIRE. Avancez à l'ordre... le mot ?

GRASSOUILLETTE. Corsage et pantalon.

LA FACTIONNAIRE. Passez !

GRASSOUILLETTE. Passons... Arche, vous autres ! (*Elles passent et disparaissent. La factionnaire continue à se promener au fond.*)

SCÈNE II.

LE GUIDE, LES DÉLASSEMENTS.

LE GUIDE. Suis-moi... entrons par ce sentier dérobé.

DÉLASSEMENTS. Un sentier dérobé... je vais crier au voleur !

LE GUIDE. Chut !... marchons doucement...

DÉLASSEMENTS. Je métamorphose mes bottes en chaussons de lisière... Mais où m'as-tu conduit ?

LE GUIDE. Chez les femmes libres. tu es au quartier-général.

DÉLASSEMENTS. Les femmes libres ?... je sollicite des explications.

LE GUIDE. Si l'on te voyait, tu serais perdu...

DÉLASSEMENTS. Je cours un péril... fichtre !... je demande à jouer la fille de l'air.

LE GUIDE. Reste donc... ne suis-je pas là ?... Voilà ce que sont les femmes libres ou plutôt mesdames les volontaires.

DÉLASSEMENTS. Mesdames les volontaires ; je m'explique ce rôle, c'est dans la nature de la femme.

LE GUIDE. Un bataillon de charmantes Allemandes mariées ou pas, que leurs frères et leurs maris ont abandonnées, pendant la belle saison, pour courir tenter la fortune à Hombourg, à Spa, à Bade, dans toutes les villes de jeu. Restées seules, ces dames ont formé un corps pour se défendre contre les touristes, en l'absence de leurs défenseurs naturels.

Air : *Madame Favart.*

Tu verras que ce sexe aimable
Garde vaillamment sa vertu...

DÉLASSEMENTS.

La chose est presque invraisemblable,
Turlututu, chapeau pointu;
Or, pour mieux jaser de la chose
Et voir triompher nos efforts,
Sans plus tarder, je me propose
De prendr' du servic' dans ce corps.

LE GUIDE. Allons donc !... qu'un homme pénètre ici... il est mort !
DÉLASSEMENTS. Sapristole ! je demande un remplaçant... je me dois à l'art... Porte, s'il vous plaît?
LE GUIDE. Silence !... voici un détachement qui vient par ici.
DÉLASSEMENTS. Un détachement... je me détache sans explications.
LE GUIDE. Attends donc !... je vais préparer ton entrée,.. cache-toi derrière moi, et sois tranquille, je réponds de tes soirs...
DÉLASSEMENTS. Vous en répondez... je me dissimule.

SCÈNE III.

Les Mêmes, DÉLASSEMENTS *caché,* LA CAPITAINE, GRASSOUILLETTE, Soldats.

Air : *C'est l'amour, l'amour.*

Bataillon
Du cotillon,
Sois crâne
Quand la peau d'âne
Résonne et fait carrément
Avancer le régiment.

LA CAPITAINE.

Le tambour que l'écho répète
Nous dicte ici notre leçon,
Tout doit marcher à la baguette
Lorsque éclate son joyeux son.
Vite à la baïonnette
Comme de vrais zou zous!
Car jamais la retraite
Ne doit battre pour nous.

REPRISE.

Bataillon
Du cotillon,

LA CAPITAINE. Halte !... front !... Fantassin Ripetta, vous n'êtes pas à l'alignement.
RIPETTA. Ce n'est pas ma faute, capitaine.
DÉLASSEMENTS. C'est un soldat d'avant-poste.
LA CAPITAINE. Rentrez 5, 6, 7 et 8, jusqu'à celle qui me doit 17 francs.
RIPETTA. Capitaine, je vous les ai rendus.
LA CAPITAINE. Fixe !... caporale Grassouillette !...
GRASSOUILLETTE. Présente.

DÉLASSEMENTS, *caché.* Elle est potelée, celle-ci.
LE GUIDE. Tais-toi donc !
LA CAPITAINE. Sortez des rang... Quoi de nouveau?
GRASSOUILLETTE. Capitaine... j'ai poussé une reconnaissance dans les environs... tout est tranquille, nous n'avons pas rencontré le moindre mari...
LA CAPITAINE. La population ?...
GRASSOUILLETTE. Calme.
LA CAPITAINE. Fort bien...fantassin Ripetto?
RIPETTA. Capitaine?
LA CAPITAINE. Le rapport signale une infraction de votre part... On a trouvé dans votre sac un pot de rouge et de la poudre de riz.
RIPETTA. Capitaine, c'est un envoi de ma famille.
LA CAPITAINE. Vous me ferez trois jours de salle de police, pour délit de maquillage.
DÉLASSEMENTS. Bonne discipline...
RIPETTA. C'est embêtant !...
LA CAPITAINE. Ripetta... je vais augmenter la punition...
RIPETTA. Oh! les chefs! les chefs!
LA CAPITAINE. Portez, armes !... présentez, armes !... au repos.
TOUTES. Vive la capitaine !... (*Elles se divisent.*)
LE GUIDE, *bas aux Délassements.* Avançons...
DÉLASSEMENTS. Pas encore, la capitaine me paraît trop sévère.
LE GUIDE, *s'avançant.* Bonjour, capitaine.
LA CAPITAINE. Une étrangère!
LE GUIDE. Corsage et Pantalon.
LA CAPITAINE. Qui es-tu?
LE GUIDE. Amie.
LA CAPITAINE. Bon !... Le rapport m'annonce ton arrivée chez nous... Mesdames, saluez cette nouvelle amie; c'est une Française.
TOUTES. Vivent les Françaises!
LE GUIDE. C'est... que je ne suis pas seule... J'ai un homme avec moi.
LA CAPITAINE. Un masculin! Aux armes!
DÉLASSEMENTS. Je suis pincé!
LE GUIDE. Un instant; je demande à le présenter.
LA CAPITAINE. Tu commets un délit... Les hommes ne doivent pas rester parmi nous. Ceux qui se présentent sont soumis aux règlements... fusillés !
DÉLASSEMENTS. Je réclame des circonstances atténuantes... Fusillez mon guide, qui, malgré mon opposition, m'a amené ici. Je lui demande un pleur commémoratif.
LE GUIDE. Capitaine; ce n'est pas un homme... c'est un Théâtre... et son genre lui donne le droit de rester parmi les femmes.
DÉLASSEMENTS. Certainement... même qu'à Paris l'on m'appelle le colonel Cupidon.
GRASSOUILLETTE. Il est chiffonné, ce gros ballon!
DÉLASSEMENTS. D'ailleurs, maintenant que je vous ai vues, je n'ai plus l'intention de filer, charmantes amazones, à l'instar de celles dont Omphale était la reine. (A

part.) Faisons leur un tantinet de mythologie.

Air : *Nous nous marierons dimanche.*

Capitain', vraiment
En c'moment
Charmant,
Vous m' rappelez la belle Omphale.
Vous avez son air
Élégant et fier
Et sa valeur triomphale.
Je sens, ma foi,
Que malgré moi
Je brûle.
Aussi d'ici
J'n'aurais pas l' ri-
-Dicule
D' vouloir m'en aller,
J' ne veux pas filer
A moins d' filer comme Hercule.

(*Parlé.*) Elle n'a pas compris.
LA CAPITAINE, *à qui le Guide a parlé bas.* Soit, je consens à faire une exception en sa faveur. Et puisqu'il veut rester parmi nous, qu'il soit incorporé.
DÉLASSEMENTS, *bas au Guide.* Et mon sexe?
LE GUIDE. Tu en changes...
DÉLASSEMENTS. Je passe dans le camp féminin, mais...
LE GUIDE. Laisse-toi faire : c'est le seul moyen de rester avec ces dames.
DÉLASSEMENTS. Et ma dignité!... je passerai ce chapitre dans mes mémoires... D'ailleurs, il sera toujours temps de reprendre mes premières fonctions... Je m'incorpore.
LA CAPITAINE. Grassouillette... Lisez les règlements à la nouvelle recrue...
DÉLASSEMENTS. Je renie le sexe auquel je dois mon père... c'est dégoûtant.
GRASSOUILLETTE. Il est très-chiffonné!... femme Délass......
LE GUIDE. C'est toi qu'on appelle.
DÉLASSEMENTS. Femme Délasse.....
LE GUIDE. C'est ton nouveau nom.
GRASSOUILLETTE. Quel âge as-tu?
DÉLASSEMENTS. J'aurai vingt-cinq ans aux prunes.
GRASSOUILLETTE. Tu désires faire partie des femmes libres?
DÉLASSEMENTS. J'en meurs d'envie.
GRASSOUILLETTE. Tu te soumets aux conditions, règlements et lois qui régissent le régiment.
DÉLASSEMENTS. Je m'y soumets avec componction.
GRASSOUILLETTE. Écoutes-en la lecture, alors... (*Lisant.*) Article 1er. L'homme est un gredin.
DÉLASSEMENTS. Je trouve l'article 1er dur.
GRASSOUILLETTE. Article 2me et dernier. Nous en avons prononcé la déchéance, et pour que les représailles soient vigoureuses, tout homme qui chercherait à reconquérir ses droits, sera passé par les armes.
DÉLASSEMENTS. Diable d'article 2! il est d'un dur...
GRASSOUILLETTE. Qu'en dis-tu?
DÉLASSEMENTS. Je dis que c'est très-bien.
LA CAPITAINE. Alors tu consens à déclarer avec nous que l'homme est un vaurien,

LES DÉLASSEMENTS EN VACANCES

qui ne veut que nuire à l'émancipation de la plus belle partie du genre humain.
DÉLASSEMENTS. Je le déclare.
LA CAPITAINE. A crier enfin avec nous : A bas l'homme !
TOUTES. A bas l'homme !
DÉLASSEMENTS. Je le crie : A bas l'homme !

Air de *Saltarello.*

A bas l'homme, qu'on le supprime !
Pour ma part j' n'y vois pas grand mal.
De l'homm' la femme est la victime.
Buffon dit qu' c'est un animal.

LA CAPITAINE.

J' me demande à quoi sert cet être,
D'orgueil, d'amour-propre bouffi,
Qui s'intitule notre maître
Et de nos volontés fait fi.

RIPETTA.

A son début il a l'audace
De proclamer ainsi ses mœurs ;
Il faut que jeunesse se passe,
Et monsieur fait la chasse aux cœurs.

RIPETTA.

Il partage son existence
Entre l'amour et le piquet.
Il vient nous prôner sa constance
Quand il est las de l'estaminet.

GRASSOUILLETTE.

Puis fatigué, d' faire la noce,
Lorsque monsieur n'aime plus rien,
Il prend à l'heure un vieux carrosse
Dont il fait le char de l'hymen.

LE GUIDE.

Alors pour lui la vie est fade,
Il n'a ni bonheur ni désir,
Et la femme est la gard' malade
De c' l'invalide du plaisir.

DÉLASSEMENTS.

Aussi, dit-on, qu' plus d'une dame
Mécontent' de la qualité
De ces beaux messieurs, corps sans âme,
Se rattrap' sur la quantité.

CAPITAINE.

Plutôt que d' suivre ce système,
Qui m' semble un tantinet badin,
Plutôt que d' lui dire : je t'aime,
Crions au sexe masculin :

REPRISE ENSEMBLE.

A bas l'homme ! Qu'on le supprime !

DÉLASSEMENTS. Un instant : Je demande à prendre votre costume aussi ; car, enfin, je veux être femme jusqu'à la fin.
LA CAPITAINE. C'est juste, on va te prendre mesure... Faites avancer les couturiers de l'armée.

SCÈNE IV.

LES MÊMES, LE BOSSU.

LE BOSSU, *au dehors.* Justice ! Justice !
LA CAPITAINE. Quel est ce bruit ?
RIPETTA. Capitaine, c'est un homme le bossu de la grande place, qui demande à vous parler.
LA CAPITAINE. Qu'on l'introduise.
LE BOSSU. Justice, capitaine, justice !
DÉLASSEMENTS. Ah ! la bonne bosse !
LE BOSSU. Madame la capitaine, je reconnais votre autorité, je m'y soumets. Je vous ai vue avec plaisir arborer le fichu de l'indépendance... Vous êtes le sexe fort et je fais partie du sexe faible... c'est pour cela que je viens vous demander aide et protection.
LA CAPITAINE. C'est dans les règlements... Parlez !
LE BOSSU. Devant tout ce monde... je n'oserai jamais.
LA CAPITAINE. Parlez, vous dis-je !... nous ne sommes qu'entre nous...
LE BOSSU. L'aveu que j'ai à vous faire...
LA CAPITAINE. Parlerez-vous, sarpejeu !
LE BOSSU. Voilà, voilà... Je suis modiste de mon état... j'occupe un rez-de-chaussée sur la place... Je passais mes jours à travailler et à chanter, en respirant le parfum des fleurs de ma croisée, en écoutant la chanson de mes petits oiseaux qui s'ébattaient dans leur cage.
DÉLASSEMENTS. C'est Jenny l'ouvrier.
LE BOSSU. Un jour, une femme de votre régiment passa et m'envoya un sourire. Je me sentis rougir et je baissai les yeux. Le lendemain, elle passa encore et du bout de ses doigts me jeta un baiser... Le troisième jour, elle, poussa l'audace jusqu'à m'adresser la parole... J'eus le tort de l'écouter, la faiblesse de le recevoir en cachette de mes parents... Bientôt, je voulus lui interdire la porte... il était trop tard, je l'aimais... Que vous dirai-je ?... Cette femme, certaine de ma défaite, abusa de mon amour... de mon innocence... Plaignez-moi, madame la capitaine... tout me dit que je vais être père...
DÉLASSEMENTS. Ah ! la bosse !... (*Rebêchissant.*) Oh !...
LA CAPITAINE. Et votre séductrice ?...
LE BOSSU. Ma séductrice !... La voilà !
TOUS. Ripetta !...
LA CAPITAINE. Quoi ! Ripetta... vous avez pu, au mépris de votre grade, vous laisser aller à séduire ce malheureux jeune homme ?... vous lui devez une réparation.
RIPETTA. S'il veut accepter une somme...
LE BOSSU. Ce n'est pas avec de l'argent qu'on répare une faute pareille... Mon bonheur détruit, mes illusions envolées, mon avenir perdu...
DÉLASSEMENTS. Ce bossu est superbe ; j'ai envie de le dessiner... d'après la bosse...
LA CAPITAINE. Ripetta, vous avez encouru les peines les plus sévères ; que le conseil de guerre se réunisse et prononce... Venez...
DÉLASSEMENTS. Un conseil de guerre !...
LE BOSSU. Merci, mon Dieu ! je serai vengé... mon enfant aura un nom.
DÉLASSEMENTS. J'y vais aussi.
GRASSOUILLETTE, *bas.* Reste, j'ai à te parler, gros chiffonné...

AIR : *Entendez-vous, c'est le tambour.*

Éloignons-nous, c'est un devoir
Pour le conseil de guerre
De juger cette affaire.
Éloignons-nous, c'est un devoir
Rendre à ce pauvre homme et le calme et l'espoir.

(*Tous sortent, à l'exception de Grassouillette et de Délassements. — La factionnaire se promène au fond.*)

SCÈNE V.

GRASSOUILLETTE, DÉLASSEMENTS.

GRASSOUILLETTE. Hum ! pauvre petit.
DÉLASSEMENTS. Ah ça ! que me veut cette potelée ?...
GRASSOUILLETTE. Hum !... (*Elle laisse tomber son mouchoir.*)
DÉLASSEMENTS. Tiens son mouchoir... Madame...
GRASSOUILLETTE. Gros chiffonné...
DÉLASSEMENTS. Camarade, vous laissez tomber votre...
GRASSOUILLETTE. Ramasse le.
DÉLASSEMENTS. Bah !... ça se fait dans les meilleures sociétés... Voilà...
GRASSOUILLETTE. Garde-le.
DÉLASSEMENTS. Vous êtes bien bonne, camarade.
GRASSOUILLETTE. Sont-ils à toi, tous ces cheveux-là ?
DÉLASSEMENTS. Tous !...
GRASSOUILLETTE. Ah ! (*Elle laisse tomber un mouchoir.*)
DÉLASSEMENTS. Encore ! Dites donc, camarade, votre mouchoir.
GRASSOUILLETTE. Garde-le.
DÉLASSEMENTS. Ah mais ! je cours des dangers ici... moi !
GRASSOUILLETTE. Ce pauvre petit bossu, qui s'est laissé compter fleurette...
DÉLASSEMENTS. Ça leur arrive si rarement, aux bossus... et puis... quand on ne sait pas...
GRASSOUILLETTE. C'est vrai... on est exposé avec nous autres, militaires ; voyons, gros chiffonné, que dirais-tu d'un petit hôtel faubourg du Roule, à Paris ? d'un coupé et d'une loge à l'Opéra ?...
DÉLASSEMENTS. Est-ce qu'elle me prend pour une biche ?...
GRASSOUILLETTE. Eh bien ! tu auras tout cela, mais... il faut me rendre un service colossal.
DÉLASSEMENTS. Si c'est dans la mesure de mes moyens...
GRASSOUILLETTE. Gros chiffonné... veux-tu m'enlever ?...
DÉLASSEMENTS. Vous enlever !...
GRASSOUILLETTE. Reprends tes fonctions de sexe fort... enlève-moi.
DÉLASSEMENTS. Merci ! je crains que pour cet exercice, le sexe fort ne soit trop faible. Ah ! je m'y prendrai à deux fois...
GRASSOUILLETTE. Je voudrais aller rejoindre celui que j'aime. (*Elle laisse tomber un mouchoir.*)
DÉLASSEMENTS. Encore ! C'est un magasin de nouveautés, que cette femme-là...
GRASSOUILLETTE. Tu hésites.
DÉLASSEMENTS. Ah mais !... je crains la fusillade.
GRASSOUILLETTE. Poltron !...

AIR du *Sabotier.* (HENRION.)

GRASSOUILLETTE.

Gros joufflu, laisse-moi t'aimer.
Et que ton cœur s'enflamme ;
Laisse-toi par moi désarmer,
Abandonn'-moi ton âme.
Dis ? que veux-tu
Pour ta vertu ?

Des palais, des immeubles?
Dis un seul mot,
Et subito,
Je te mets dans tes meubles.
Aime-moi donc,
Gros bichon,
Je t'implore,
Je t'adore,
Aime-moi, gros folichon!
J' t'offre mon nom.

ENSEMBLE.

GRASSOUILLETTE.
Aime-moi donc, etc.

DÉLASSEMENTS.
Quoi, j' suis donc
Son gros bichon,
Qu'elle implore,
Qu'elle adore!
Je suis son gros folichon;
Jamais! non! non!

GRASSOUILLETTE.
Même air.
Ah! j'aurai bientôt triomphé
De ta rigueur cruelle,
Et malgré toi, gros étoffé,
Je vais gagner la belle.
Oui, dans ton cœur,
J'entre en vainqueur,
Malgré tes airs barbares;
Et j' vais oser
Prendre un baiser,
C'est te donner des arrhes.

DÉLASSEMENTS. Je suis défloré.

SCÈNE VI.

LES MÊMES, TOUT LE MONDE.

CHŒUR.
AIR: *Avançons en silence.*
Notre conseil de guerre,
Hélas! a décrété,
Et son arrêt sévère
Doit être exécuté.

LA CAPITAINE. Le conseil a prononcé... Ripetta va être fusillée sur-le-champ.
DÉLASSEMENTS. Diable!
GRASSOUILLETTE. Ne me perds pas, gros jouffu.
DÉLASSEMENTS. Hum!... je ne sais pas...
LA CAPITAINE. Un peloton de huit femmes... chez nous tout s'exécute à la minute...
DÉLASSEMENTS. Comment, comment ça? on va la fusiller?...
LA CAPITAINE. À l'instant... (*On l'amène.*) Femme Ripetta, as-tu quelque chose à dire?
RIPETTI. Rien; j'attends.
DÉLASSEMENTS. Quelle fermeté! pour une femme ferme; voilà une femme ferme!...
LA CAPITAINE. Veux-tu qu'on te bande les yeux?
RIPETTI. Non, je veux voir la mort en face.
DÉLASSEMENTS. Merci du vis-à-vis!
LA CAPITAINE. Grassouillette, commande la manœuvre.
GRASSOUILLETTE. Apprêtez armes!
DÉLASSEMENTS. Sapristi! j'ai des frissons dans le dos.
RIPETTI, *entrant.* Arrêtez!... Nos hommes veulent reprendre leur autorité, et reviennent en force.
LE CAPITAINE. Nos maris! Aux armes! tout le monde en rang! Remettez l'exécution après le combat!
DÉLASSEMENTS. Ils ou elles vont se battre contre leurs maris... Ah ça... où me suis-je fourré, moi?
LA CAPITAINE. Ripetta, tu pourras combattre; tâche de te faire tuer, pour nous éviter le chagrin de te fusiller nous-mêmes.
RIPETTI. Merci, capitaine. (*Une détonation.*)
LA CAPITAINE. Nos tyrans approchent... Au combat!
DÉLASSEMENTS. Est-ce qu'elles vont réellement se battre?
LE GUIDE. Pas du tout... leurs maris sont trop contents d'en être débarrassés.
DÉLASSEMENTS. Alors je demande à m'en aller.
LE GUIDE. Où veux-tu aller?
DÉLASSEMENTS. Je n'en sais rien... je suis ahuri...
LE GUIDE. A Uri... c'est en Suisse...
DÉLASSEMENTS. Eh bien!... allons en Suisse!...
LA CAPITAINE. En avant! en avant!...
TOUTES. En avant!...

AIR du *Louvetier.* (HENRION.)
Pif! paf! à la victoire,
Pif! paf! tambour battant,
Élançons-nous, et pour la gloire,
Vite, en avant!

Défilé. — Sortie générale. Tableau.

ACTE DEUXIÈME

CINQUIÈME TABLEAU
Les beaux vallons de l'Helvétie.

SCÈNE PREMIÈRE.

FRITZ, BIRMANN, SUISSES, SUISSESSES. *Au lever du rideau, ils apportent en scène d'immenses boîtes de joujoux.*

CHŒUR.
AIR: *Allons, Papillon vous invite.* (Il n'y a plus d'Enfants; GOURLIER.)
Allons, allons, la saison est propice,
Travaillons tous, et sans nous arrêter.
C'est le moment de disposer la Suisse,
Chacun bientôt viendra la visiter.

LA SUISSE, *entrant.* Allons, mes enfants, dépêchons, les touristes ne vont pas tarder à nous visiter; préparons la Suisse.
FRITZ. Ya, mettons les décors.
LA SUISSE. Vous avez bien tous vos bibelots?
FRITZ. Ya, nous avons nos bibelots... Ils sont là...
DÉLASSEMENTS, *en dehors.* Laissez-moi donc entrer; je vous dis que je suis de la boutique.
BIRMANN. Madame la Suisse, ce être des étrangers qui veulent entrer malgré nous.
LA SUISSE. Avant que tout soit posé... impossible... nous serions perdus de réputation... Leurs noms?...
DÉLASSEMENTS, *entrant.* Les Délassements Comiques.
LE GUIDE. Le guide Richard.
LA SUISSE. N'entrez pas, nous sommes en négligé.
DÉLASSEMENTS. Laissez donc... j'ai mes entrées dans toutes les coulisses.
LE GUIDE. Et moi aussi... Le guide Richard doit connaître tous les mystères... afin de mieux dissimuler la vérité.
DÉLASSEMENTS. D'ailleurs, ce n'est pas chez vous que je vais; je vais en Suisse.
LA SUISSE. Mais vous y êtes en Suisse.
DÉLASSEMENTS. Comment, je suis en Suisse et je ne vois pas de montagnes... vous m'induisez... pas de montagnes, pas de Suisse.
LA SUISSE. Vous êtes entré juste au moment où nous allions les poser...
DÉLASSEMENTS. Comment, les poser!... Vous posez des montagnes?...
LA SUISSE. Il faut donc vous révéler un grand secret?
DÉLASSEMENTS. Il le faut!... révélez!...
LA SUISSE. Jusqu'à ce jour les géographes, les voyageurs avaient toujours cru la Suisse un pays de montagnes.
DÉLASSEMENTS. J'avoue que j'ai partagé cette erreur avec bien d'autres.
LA SUISSE. Il n'en est rien, la Suisse est un pays plat, d'une extrême platitude.
DÉLASSEMENTS. Bah!...
LA SUISSE. Par quels moyens, se sont demandé les habitants, amener la foule chez nous?... Les Européens aiment les choses escarpées, nous sommes-nous dit.

AIR de *l'Artiste.*
Rembourrons les collines
De nos cantons si beaux,
Mettons des crinolines
A nos minces coteaux.
Les voyageurs allégres
Aim'nt à grimper, dit-on;
Semblabl's aux femmes maigres,
Mettons-nous du coton.

DÉLASSEMENTS. C'est assez ingénieux cela; j'en suis dans le plus vaste des étonnements.
LA SUISSE. Vous comprenez la chose... l'hiver toutes nos montagnes, nos lacs, nos précipices, nos avalanches, sont resserrés dans un canton désigné pour cet usage et que nous appelons le magasin. Quand vient la bonne saison, nous replaçons nos affaires, et le tour est fait.
DÉLASSEMENTS. C'est charmant, c'est canaille; mais c'est charmant. Moi qui avais une peur atroce de grimper sur les montagnes, maintenant que je sais qu'elles sont à truc, je n'aurai plus le trac...
LA SUISSE. Mais, motus, pas un mot à personne, vous nous feriez le plus grand tort.
DÉLASSEMENTS. Parbleu! je connais bien ces choses-là!
LA SUISSE. Maintenant, mes enfants, faisons vite. Équipons!
FRITZ. Équipons!
LA SUISSE. Le mont Blanc.
DÉLASSEMENTS. C'est le mont Blanc, cela?
LA SUISSE. Lui-même. La plus haute montagne de l'Europe, posez!

DÉLASSEMENTS. Le mont Blanc!... prenez garde de l'abîmer.
LE GUIDE. Aie pas peur, ça les connaît.
LA SUISSE, *indiquant au fur et à mesure que les Suisses transportent les objets.* Le lac de Genève.
DÉLASSEMENTS. Ah! le fameux lac de Genève; je demande à le voir.
LA SUISSE. Pas avant qu'il soit posé, tu n'y verrais que de l'eau... Le lac Majeur...
DÉLASSEMENTS. Le lac Majeur... ah! oui, celui qui a plus de 21 ans.
LA SUISSE. Les montagnes!... la Jung-frau, l'Aiguille, le Righi, les Petits et les Grands Mulets...
DÉLASSEMENTS. Quelle est cette grande boîte? (*Lisant l'étiquette.*) Glaciers!...
LA SUISSE. Les glaciers des Alpes; on va les poser tout à l'heure.
DÉLASSEMENTS. Les Tortoni des Alpes?...
LA SUISSE. Juste!
DÉLASSEMENTS. Qu'est-ce que c'est que ça ?...
LA SUISSE. Les avalanches.
DÉLASSEMENTS. Les avalanches!...en quoi est-ce fait?
LA SUISSE. En neige, garantie trois ans... Les torrents!
DÉLASSEMENTS. Oh! les torrents!...fichtre! ils me rappellent celui des *Pirates de la Savane...* un torrent de carton.
LA SUISSE. Les précipices...les chèvres... les chamois...
DÉLASSEMENTS. Jusqu'aux animaux!... c'est prodigieux... Est-ce que vous avez des biches?
LA SUISSE. Certainement; elles sont casernées dans le canton de Vaud... Là, tout est-il posé?
BIRMANN. Tout est posé...
DÉLASSEMENTS. Déjà!...c'est de la féerie, vous enfoncez les trucs de Cricri.
LA SUISSE. Et maintenant, si vous désirez voir la Suisse dans tout son éclat, prenez ce sifflet... le sifflet du machiniste en chef.
DÉLASSEMENTS. Très-bien, je vais siffler pour applaudir; le sifflet du changement à vue!
LA SUISSE. Allez! (*Les Délassements sifflent.*)

SIXIÈME TABLEAU

Une vue de la Suisse.

CHŒUR.

AIR *de* M. GOURLIER.

Oui, cette contrée est féerique;
Les yeux en sont tout éblouis!
Un tel aspect est magnifique,
De l'Europ' c'est le paradis.

DÉLASSEMENTS. Ravissant!... quel coup d'œil, c'est bien plus joli que les buttes Montmartre...Et dire qu'on pose tout ça en une heure!..... Comme la mécanique a fait des progrès pourtant!
LA SUISSE. Et tu ne vois pas tout, je ne puis te montrer que quelques cantons à la fois.
DÉLASSEMENTS. Comment voir les autres?

LA SUISSE. Si tu y tiens, je vais te les décrire.
DÉLASSEMENTS. C'est ça, faites-en le compte rendu.

AIR *Heureux habitants.*

Sur un vieux flon flon
Fait exprès pour chanter la Suisse,
Je m'en vais, mon bon,
Te détailler chaque canton :
Schwig, Zug, Appenzel;
J' vais, essayant votre notice,
Peindre tel et tel
Point d' vue du pays d' Guillaum' Tell.
N'import' la cité
Vers laquelle un tourist' gouverne,
Il est enchanté
Par un' franche hospitalité;
Il n' craint pas ici
Que l' canton de Berne le berne,
Et même à Uri
L' voyageur n'est pas ahuri.
Neufchâtel jamais
N'a fabriqué les fromag's suisses,
Les doubles Gervais
Qu'on croit venus de nos chalets.
Par r'vanch', c'est certain,
Pour trouver de bonnes nourrices,
Il faut v'nir soudain
Les prendre au canton du Tessin.
Rien n' vaut l' canton d' Vaud,
Dont la capitale est Lauzanne,
Lauzann' sans Duvert,
Où l'on vous r'çoit à cœur ouvert;
Et quant aux barbons
Que leur caducité condamne,
En fait de cantons,
Ils choisiss'nt celui des Grisons.
Canton du Valais
Sur mon chemin tu te rencontres,
Combien tu valais
Au temps passé pour tes valets!
Genève à présent
Se montre à nous avec ses montres;
En Suisse, vraiment,
C'est le canton du mouvement.

LE GUIDE.

Bref, dans ce tableau
Qui dégoîe ceux des théâtres,
J' vois que tout est beau,
Tout est éternell'ment nouveau;
J'entends les tics-tacs
Des moulins dans les lacs bleuâtres,
La Suiss', sans mic-macs
Voudrait nous prendre dans ses lacs.

REPRISE.

Bref, dans ce tableau, etc.

DÉLASSEMENTS. C'est charmant!... il est une heure, j'ai commencé à midi, et j'ai vu toute la Suisse... — Parole d'honneur! c'est à s'extasier.
LE GUIDE. Puisque tu y es, visite l'Italie.
LA SUISSE. L'Italie... notre voisine...
DÉLASSEMENTS. Est-ce qu'il n'y a qu'un coup de sifflet à donner?... j'adore cette manière de voyager, moi... C'est ça qui économise la chaussure.
LA SUISSE. Même pas un coup de sifflet. Du haut de nos montagnes on aperçoit la Péninsule, je n'ai qu'à faire un signe, et elle apparaît!
DÉLASSEMENTS. Faites-le, aimable Suisse.
LA SUISSE. Voilà! (*Changement.*)

SEPTIÈME TABLEAU

Une vue de l'Italie.

SCÈNE PREMIÈRE.

LES MÊMES, L'ITALIE, Italiens.

L'ITALIE.

AIR : *Un jour.* (BENRION.)

Oui, je suis l'Italie,
Premier berceau
Des arts, de l'harmonie,
Du grand, du beau!
A ma prunelle ardente
Brille le feu
Dont s'inspira le Dante
Sous mon ciel bleu.

REPRISE.

Saluons l'Italie, etc.

DÉLASSEMENTS. Oh! la belle femme!
L'ITALIE. Tu trouves.
DÉLASSEMENTS. Vous êtes bien bâtie!...
LE GUIDE. Elle a été bâtie par les Romains... Climat délicieux; elle a la forme d'une botte; 21,500,000 habitants; villes principales, Rome, Gênes, Turin, Florence, Venise.
DÉLASSEMENTS. Etc., etc.... Mon guide a la réplique... Mais ce n'est pas cela que je veux voir, c'est votre ciel, votre fameux ciel, dont il est tant parlé.
L'ITALIE. A vos ordres. (*Elle fait un signe.*)

SCÈNE II.

LES MÊMES, LE CIEL D'ITALIE avec un parapluie, LA PAILLE D'ITALIE.

ENSEMBLE.

AIR : de M. GOULLIER.

Vite, vite,
L'on m'invite
A me montrer
Sans tarder,
Et j'arrive
Sur l' qui vive
Afin d' me faire admirer!

DÉLASSEMENTS. Tiens, un monsieur avec un parapluie.
LE CIEL. Je suis le ciel de l'Italie.
DÉLASSEMENTS. Pourquoi cet ustensile à la Robinson?
LE CIEL. Pour me garantir de la pluie.
DÉLASSEMENTS. Moi qui vous croyais toujours au beau fixe...
LE CIEL. Je le suis pendant huit mois. Mais j'ai quatre mois d'eau.
DÉLASSEMENTS. Et votre bleu permanent... car enfin vous êtes toujours bleu.
LE CIEL. Excepté quand je suis gris.
DÉLASSEMENTS. C'est l'eau qui le rend gris. Je ne m'explique pas ce phénomène. Vous avez une rude réputation.
LE CIEL. Et méritée, monsieur, je m'en flatte. Je rends la santé aux poitrinaires, j'inspire les poètes et je fertilise ma contrée.
DÉLASSEMENTS. C'est égal, je ne croyais pas vous trouver si couvert.
LE CIEL. Je le suis cependant.

AIR : *Il pleut, bergère.*

Je pleus, je pleus à verse
Dans nos riches climats;
Hélas! et je traverse
Un temps humide et bas.

Plus de magnificence,
Mon ciel, qu'on dit si beau,
Donne, aussi bien qu'en France,
Des rhumes de cerveau.

DÉLASSEMENTS. Ce petit minois se nomme?
L'ITALIE. La Paille d'Italie.
DÉLASSEMENTS. Je la reconnais. C'est une paille qui a mis du foin dans les bottes de bien des gens.
LA PAILLE. On est coiffé de moi en France.
DÉLASSEMENTS. Je n'hésite pas à dire que vous rendez gracieux les moins jolis visages. (Il lui prend la taille.)
LA PAILLE. Eh! bien!... Eh! bien!
DÉLASSEMENTS. Il est si doux d'être empaillé.
LA PAILLE. Le Panama a bien essayé de me détrôner, mais il s'est mis la paille dans l'œil.
DÉLASSEMENTS. Le panama m'a toujours semblé un préjugé. Quand on pense que ces chapeaux s'achetaient 5 à 6,000 francs pièce.
LA PAILLE. C'est effrayant.
DÉLASSEMENTS. Et c'est exact. On en était arrivé à demander combien les gens avaient de panamas de rente. J'ai un de mes amis qui a mis toute sa fortune dans un chapeau. Il disait, quand il se promenait qu'il faisait prendre l'air à ses richesses. Il est mort sur la paille.
LE GUIDE. C'est bête à manger du foin.
LA PAILLE. Heureusement qu'on me revient ; mon règne n'est pas fini.

AIR : A mon beau château.

Oui, toujours régn'ra
La paille
Qu'en vain l'on raille ;
Toujours elle aura
Son rôle par ci par là.
Enfants,
En tous temps,
Tir'ront à la courte-paille,
Avec la paille f'ront
F'ront des bulles de savon.
En affair's, longtemps,
Vous aurez des homm's de paille,
Qui mettront dedans,
Et sur la pail!' bien des gens.
Toujours
En amours
Vous aurez des feux de paille;
Toujours
En amours
La chais' de paille aura cours.

REPRISE.

Oui, toujours régn'ra, etc.
(Cris au dehors.)

DÉLASSEMENTS. D'où viennent ces clameurs?
L'ITALIE. C'est le Macaroni et le Fromage d'Italie qui se disputent.
DÉLASSEMENTS. Deux mets qui se querellent... C'est plat.

SCÈNE III.

LES MÊMES, LE MACARONI, LE FROMAGE D'ITALIE.

ENSEMBLE.

AIR : C'est affreux, c'est infâme?

C'est vraiment (bis) trop d'audace !
Redoutez (bis) mon courroux!
Redoutons son
Car bientôt (bis) la menace
En viendra (bis) jusqu'aux coups.

DÉLASSEMENTS. Mesdames, de grâce... vous allez vous avaler.
LE MACARONI. Que le ciel m'en garde! Avaler un faux fromage de son espèce.
LE FROMAGE. Me nourrir de ficelles comme un simple dramaturge.
DÉLASSEMENTS. Pourrait-on savoir ce qui cause votre désunion, ô aliments nutritifs?
LE MACARONI. Ce polisson qui prend mon titre pour se faufiler dans les estomacs crédules, et qui n'est pas plus d'Italie que le premier charabia venu.
LE FROMAGE. Cet intrigant qui me cherche dispute sous le prétexte qu'on ne le consomme plus qu'au gratin !... Est-ce ma faute à moi si on le trouve filandreux ?
LE MACARONI. Je suis filandreux, c'est possible, mais au moins je suis bien de ma patrie, tandis que toi, d'où viens-tu? on n'en sait rien...
LE FROMAGE. Mais malheureux Macaroni que tu es, j'ai fait la fortune des charcutiers.
LE MACARONI. On ne te connaît seulement pas dans le port.
LE FROMAGE. Le porc ?.. c'est mon père... il me renierait donc, nom d'un pied truffé !
LE MACARONI. Son père !... Oh ! c'est trop fort, après un tel affront... Je vais tout raconter au Parmesan, mon vrai compatriote, et gare à toi... il te fera sentir la vigueur de son bras.
LE FROMAGE. Je ne sentirai rien du tout, je ne le crains pas... qu'il vienne et c'est le Parmesan qui sentira.
DÉLASSEMENTS. Tâchez donc de vous remettre en bonne odeur ensemble...
LE FROMAGE. Le Parmesan n'est qu'un mauvais fromageon, moitié génisse, moitié chèvre, et qui ménage la chèvre et le chou.
LE MACARONI. Il injurie le Parmesan... J'en cuis de rage : voyons, monsieur, soyez juge.
DÉLASSEMENTS. Magistrat des fromages... ça me va.
LE MACARONI. Qui préférez-vous des deux? soyez impartial.
LE FROMAGE. Oui, ne craignez rien, soyez ferme.
DÉLASSEMENTS. Je vais être ferme, je ne serai pas avec le fromage mou... Je veux être ferme comme un roc, comme un roc fort.
LE FROMAGE. Je vous ouïs.

AIR du Verre.

Voyons, parlez-nous franchement,
Ne craignez pas que ça me blesse.

DÉLASSEMENTS.

Ma foi, vous me plaisez autant,
J'ai pour tous deux même tendresse.
Mais puisqu'il faut se décider :
Le fromage que je préfère,
C'est...

LE FROMAGE.

Dites-le sans plus tarder?

DÉLASSEMENTS.

C'est le fromage de Gruyère.

LE FROMAGE. Vous n'êtes qu'un mauvais plaisant.

DÉLASSEMENTS. Il bisque, il rage... il mangera du... pas un mot de plus, je monte au brie...
MACARONI. Tu vois... on te tourne en ridicule.
LE FROMAGE. Et toi ! fileur?
LE MACARONI. Eh bien ! après. Je file, je ne m'en cache pas, au contraire; d'ailleurs, suis-je le seul ?

AIR : On oublie.

Chaque pays, c'est notoire,
Possède un plat favori;
Ce qui du mien fait la gloire,
C'est que le macaroni
File, file,
C'est utile,
Nul ne peut le dissimuler;
On imite
Ma conduite;
Sa
Je ne suis pas seul à filer.

REPRISE ENSEMBLE.

LE GUIDE.

Il est des gens sans ressource
Qui suiv'ent votre fonction,
Témoin l' marron de la Bourse,
Qui l' jour d' la liquidation...

File, file, etc.

REPRISE.

LE CIEL D'ITALIE.

C' monsieur plein d' fanfaronade,
Qui sur tout veut trépigner,
Repentant de sa bravade,
Au moment de s'aligner...

File, file, etc.

REPRISE.

LA PAILLE.

Du soldat, qu' l'ardeur entraîne,
La mère, au pays natal,
En attendant qu'il revienne
Caporal ou général...

File, file, etc.

L'ITALIE.

Oui, tout suit ses destinées,
L'espoir et les jours heureux,
Le printemps et les années,
La candeur et les cheveux...
Tout ça file,
File, file, etc.

REPRISE.

DÉLASSEMENTS.

Quand près d'une bich' on s' fourvoie,
Avec elle, sacristi !
On fil' des jours d'or et d' soie;
Mais c'est surtout l'argent qui...

File, file, etc.

REPRISE.

LE FROMAGE. Mais tout cela ne prouve rien.
DÉLASSEMENTS. Cela ne prouve pas surtout que je vois ce que je veux voir ; car, enfin, belle ville, l'Italie renferme d'autres choses que ces deux aliments qui ont mis les pieds dans le plat.
L'ITALIE. Certainement. Tu veux les voir ?
LE GUIDE. Si c'est un effet de votre complaisance.

L'ITALIE, *la désignant.* La Tour de Pise.
DÉLASSEMENTS. Madame la Tour, je vous présente mes respects ; elle me va, cette tour, elle a un petit air penché.
L'ITALIE. C'est là tout son mérite.

AIR :

Ce monument original,
Chanté d'puis la Sein' jusqu'au Tibre,
Semble, par un pacte infernal,
Railler les lois de l'équilibre.
De loin, ce bizarr' monument,
Étonne les yeux, qu'on se frotte,
Car l'on s' demand', en le voyant,
Si c' n'est pas une tour en ribotte.

DÉLASSEMENTS. Et cette petite dame si propre ?
L'ITALIE. La Scala... la salle du Grand Théâtre de Milan.
DÉLASSEMENTS. Cette petite dame propre est une salle.
L'ITALIE. Le premier théâtre du monde !

AIR : *Ses yeux disaient tout le contraire.*

Il est plus beau qu' votre opéra,
Plus splendide et plus grandiose,
Et jamais en France, oui-dà,
Vous n'avez vu si belle chose.
Le voyageur reste comme ça,
Ébahi lorsqu'il le contemple.

DÉLASSEMENTS.

Il manque un' chose à la Scala,
C'est d'être sur le boul'vard du Temple !

L'ITALIE. Le Vésuve, un volcan.
DÉLASSEMENTS. Je me disais aussi : il a un air bouillant. Pourquoi tous ces boutons à son vêtement ?
L'ITALIE. A cause de ses éruptions... méfiez-vous de lui, il a l'air bénin... mais on ne connaît pas à fond son caractère.
DÉLASSEMENTS. Sous cratère, dis donc. Que cette Italie prononce mal !
L'ITALIE. Et un appétit, monsieur, incroyable ; quand on pense qu'un jour, à son déjeuner, il a englouti Pompéia et Herculanum, deux villes romaines.
DÉLASSEMENTS. Quelle salade !
LE GUIDE. Heureusement qu'il n'a pas tout avalé, on a pu faire un opéra de sa desserte.
DÉLASSEMENTS. C'est vrai, j'ai vu la chose à Paris. La chute d'Herculanum.
LE GUIDE. Il n'y avait pas de chute.
DÉLASSEMENTS. Sur l'affiche, c'est possible. Tiens ! le Vésuve qui allume un cigare !
L'ITALIE. Est-ce qu'un volcan ne fume pas toujours.
DÉLASSEMENTS. J'ai vu fumer un volcan !.. je demande à ce qu'il s'en aille, son voisinage m'inquiète.
LE GUIDE. Elles n'ont pas peur, elles.
DÉLASSEMENTS. Quelles vésuviennes ! Ah ! ça, est-ce que c'est tout ? est-ce que j'ai tout vu ?
L'ITALIE. Tout ! ah ! bien, merci !
LE GUIDE. Et ses grands hommes !
DÉLASSEMENTS. C'est vrai... c'est qu'ils ont poussé en abondance chez vous les grands hommes.
L'ITALIE. L'Italie en a été féconde, je ne puis que vous les nommer, et encore j'en passerai.

AIR *des Comédiens.*

Gloire à ces noms que le monde entier cite,
A qui l'étude éleva des autels :
Virgile, Horace, et Sénèque et Tacite,
On lit toujours vos livres immortels.
Des grands esprits l'admirable phalange
Compte plus tard l'Arioste, Alfieri ;
Roi des sculpteurs, nous avons Michel-Ange,
Benvenuto prend place auprès de lui.
C'est Galilée, un pieux sacrilège
Qui pénétra les lois du firmament ;
C'est Raphaël, le Guide, le Corrége,
Du tableau d'eux c'est tout un monument.
Colomb, certain de son œuvre hardie,
Apporte un monde à l'Espagne, à son roi ;
Le Dante fait la *divin' comédie* ,
Ce grand poème où rayonne la foi.
Le Tasse écrit de sa plume admirée,
Jérusalem, un chef-d'œuvre éclatant ;
Quelle pléiade éloquente, éclairée,
La France seule en compterait autant !
Pour résumer la gloire sans seconde,
Dont l'Italie aujourd'hui resplendit,
Il est un nom qui brille par le monde,
Chantre admiré, nous nommons Rossini.

REPRISE.

Gloire à ces noms que le monde entier cite.

UNE VOIX, *au dehors.* Seigneur, je... Mon Dieu, je...
DÉLASSEMENTS. Je reconnais ce timbre argenté.
L'ITALIE. C'est le Vermuth de Turin.
DÉLASSEMENTS. Il paraît que nous passons en revue tout le garde-manger de l'Italie.

SCÈNE IV.

LES MÊMES, LE VERMOUTH.

LE VERMOUTH.

AIR :

Si j'étais l'hirondelle,
Que je puss' voler,
Sur le sein de ma belle
J'irais m' désaltérer.

DÉLASSEMENTS. Sapristi ! je connais cet organe-là !
LE VERMOUTH. Bonjour donc, mon petit père. Tu vois en moi le Vermouth del Turino. Seigneur, je... mon Dieu, je..., veux-tu me goûter, je ?...
DÉLASSEMENTS. Merci, je ne bois jamais de liqueurs.
LE VERMOUTH. Tu me connais, n'est-ce point ?
DÉLASSEMENTS. Parfaitement... cependant au premier aspect je vous aurais pris...
LE VERMOUTH. Avant dîner, c'est, ainsi qu'on me consomme.
DÉLASSEMENTS. Non, pour... ah ! j'y suis, pour un comique des Variétés.
LE VERMOUTH. Tu y es, mon fils, hé ! hé ! hé !
L'ITALIE. Ne l'écoute pas... c'est une contrefaçon. Furieux d'être supplanté par le punch-Grassot, qui remuait le monde des buveurs et qui n'est autre qu'un punch à la romaine, il a voulu aussi son patronage comique pour reverdir. Il se fait appeler maintenant le Vermouth-Lassagne.
DÉLASSEMENTS. Se déguiser ainsi ! Oh ! l'amour de la popularité !
LE VERMOUTH. Oui, je suis le Vermouth-Lassagne... veux-tu me goûter ? je...

DÉLASSEMENTS. Encore... il est collant.
LE VERMOUTH. Le Punch Grassot est une chimère... d'abord c'est trop doux.
DÉLASSEMENTS. Tu dis ça parce qu'il y a de l'angélique dedans.
LE VERMOUTH. Et puis ça fait venir des goufs dans la gorge, tandis que moi...
DÉLASSEMENTS. Vous ? c'est des seigneurs, je...
LE VERMOUTH. C'est bien préférable, et puis au moins je donne de l'appétit, tandis que lui, qu'est-ce qu'il donne ?
DÉLASSEMENTS. Il n'est pas complet. Attendez donc, c'est un punch qui cherche sa voie.
LE VERMOUTH. Croyez-vous qu'il la trouvera ?
DÉLASSEMENTS. Ça m'est égal à moi.
LE VERMOUTH. Il a réussi du premier coup, pourquoi ? parce qu'il y avait une ronde, mais j'en ai une ronde aussi, moi. Vous allez voir !
DÉLASSEMENTS. La ronde du Vermouth-Lassagne ! Au fait, je ne suis pas fâché de l'entendre. J'aime assez les rondes... va pour la ronde.

VERMOUTH.

AIR *de madame Lagier.*

RONDE.

Le punch Grassot flattait le palais,
Le Palais-Royal même ;
Grâce au Vermouth on dit désormais :
Le punch n'est pas ce que j'aime,
Ses cruchons ont sagement étiquetés
De la main de Minerve ;
Mais mes flacons ont plus de variétés
Et l'on dit avec verve
Ouf ! ouf ! ouf ! ouf !
Assez d'gnouf ! gnouf !
Assez battr' la campagne,
Mouth ! mouth ! mouth ! mouth !
Vive le Vermouth !
Vive le Vermouth-Lassagne.
Seigneur-je, mon Dieu-je est bien plus gai
Que ce gnouf gnouf si fatigué
Dont l'enrouement vous gagne.
Et mouth ! mouth ! mouth !
Viv' le Vermouth,
Viv' le Vermouth-Lassagne.

REPRISE.

Ouf ! ouf ! ouf ! ouf ! etc.

II

Punch et Vermouth, tous deux nous r'doutons
Le concurrent qui veille,
Il est chez nous encor bien des noms
Qu'on peut mettre en bouteille.
Le Kirch Colbrun, l'Cassis Christian,
Ça prendrait, Dieu sait comme,
Et j' vois Mélingue au premier rang
Remporter le prix de Rome ;

(*Parlé.*) Mais en attendant...

Ouf ! ouf ! ouf ! ouf !
Assez d'gnouf ! gnouf !

REPRISE.

Ouf ! ouf ! ouf ! ouf !

III

Poursuivant cette innovation
Par Grassot inspirée

On peut aussi bien prendre le nom
De chaque actrice préférée ;
On dirait l'anisette Albont,
Le bischoff Géraldine,
Le parfait amour Rose chéri,
Et le grog Alphonsine.
Ouf! ouf! ouf! ouf!

DÉLASSEMENTS. Bravo, charmant, ce Vermouth me va !

LE VERMOUTH. Mais pardon, il faut que je vous quitte, on m'attend aux Variétés.

DÉLASSEMENTS. Allez, Vermouth, et que l'absinthe vous soit légère. Qu'est-ce que nous allons voir maintenant ?

LE GUIDE. Eh, mon cher ! il ne reste plus grand' chose ; dans tout cela tu oublies les types.

DÉLASSEMENTS. C'est vrai ; au fait, j'oublie les types.

LE GUIDE. Ce que tu dois voir ce sont les Parisiens en vacances. Heureusement que je suis là pour te guider et je t'ai ménagé une invitation dans un château bourgeois.

DÉLASSEMENTS. Nous retournons en France alors... toujours par le même moyen... le coup de sifflet ?

LE GUIDE. Toujours.

DÉLASSEMENTS. En route alors pour le château... le château de qui ?

LE GUIDE. De monsieur et madame Tourniquet.

DÉLASSEMENTS. Allons visiter ce couple de châtelains. Quant à vous, chers messieurs et dames, agréez mes devoirs pour votre complaisance... soyez tranquille, je vous ferai des réclames, vous avez su me plaire... en route !...

L'ITALIE. Et nous, mes enfants, retournons à nos postes respectifs.

CHŒUR.

AIR : *Orphée aux enfers* (BACCHUS).

Allons, quittons l'Italie,
La terre chérie
La terre jolie
Où chaque art fleurit tour à tour.
La douce patrie
De la mélodie,
D' l'artistique amour,
Terre d'amour.

HUITIÈME TABLEAU

Un salon.

SCÈNE PREMIÈRE.

TOURNIQUET, MADAME TOURNIQUET, SIR JOHN.

TOURNIQUET. Eh ! bien, sir John, comment trouvez-vous notre villa ?

SIR JOHN. Villa !... qu'est-ce que c'est que ça ?

MADAME TOURNIQUET. Villa !... c'est un mot italien qui veut dire cottage.

TOURNIQUET. N'est-ce pas, mylord, qu'on est heureux sous ces lambris campagnards?

MADAME TOURNIQUET. Qu'on y goûte les douceurs de la poésie et de l'air des champs... Rien n'est joli comme la campagne et les blancs moutons qui paissent dans la prairie.

SIR JOHN. Oh ! yès, je aime beaucoup le mouton.

LA BONNE, *entrant*. Monsieur, voici un gros et un mince qui vous demandent.

TOURNIQUET. Leurs cartes.

LA BONNE. Les Délassements-Comiques et le Guide Richard.

TOURNIQUET. Ah ! nos invités ! les seuls... Faites entrer, Marguerite.

SIR JOHN. Les Délassements? je les connais... je les ai vus à Bade.

TOURNIQUET. Voyez-vous, sir John, voilà ce que nous voulons, ma femme et moi... quatre invités, pas plus : d'abord notre maison de plaisance ne pourrait contenir davantage... Ma basse-cour, une bonne et nous six, nous allons filer des jours de soie et de verdure... Le repos champêtre, sir John, voilà ce que nous demandons.

SCÈNE II.

LES MÊMES, DÉLASSEMENTS, LE GUIDE.

DÉLASSEMENTS. Et vous avez bien raison, monsieur, je vous salue.

LE GUIDE. Je vous présente mes hommages.

TOURNIQUET. Nous parlions de vous.

DÉLASSEMENTS. Quand on parle d'un théâtre on en voit la queue... Bonjour l'Anglais...

SIR JOHN. Good morning...

LE GUIDE. Nous accourons à votre invitation.

TOURNIQUET. Vous venez partager nos jouissances sylvestres... justement j'étais en train de célébrer la villégiature...

AIR : *Muse des bois*.

Une chaumière au sein de la banlieue,
Me plaît bien plus qu'à Paris un palais ;
Pour la trouver je ferais une lieue,
On est si bien à l'ombre des forêts.
Un canapé me plaît moins que la mousse,
Du paysan j'aime à suivre les lois;
A la campagne, oh ! que la vie est douce;
Vrai, j'étais né pour être homme des bois.

DÉLASSEMENTS. Je me disais aussi, il a quelque chose de Pongo.

TOURNIQUET. Mais surtout la vie des champs en petit comité.

LE GUIDE. Ah ça, voyons qu'est-ce qu'on fait chez-vous ?...

TOURNIQUET. On regarde poindre l'aurore, se coucher le soleil et se lever la lune... On trempe du pain bis dans du lait, et on chante des bucoliques.

SIR JOHN. Oah !... coliques... schoking...

MADAME TOURNIQUET. Nous semons des graines... nous passons nos journées à plat ventre, pour voir si ça pousse.

DÉLASSEMENTS. Vous devez bien vous amuser.

TOURNIQUET. Comme des fous.

DÉLASSEMENTS. Eh! bien, l'Anglais, qu'est-ce que vous avez fait de votre compagnon de voyage ?

SIR JOHN. Il a refait des excuses à moâ à Hombourg... Il m'a avoué à moi son petite supercherie... Je en avais ri comme une contrefait... et comme il était sans le sou...

je le avais pris à mon service pour lui en rendre un... Il est mon domestique.

DÉLASSEMENTS. Votre domestique... fichu dénouement.

SIR JOHN. Il amusait moâ... il avait la main malheureuse. Il cassait tout.

TOURNIQUET. Oh ! bien rarement... (*Bris de vaisselle*.)

SCÈNE III.

LES MÊMES, LAFLEUR.

LAFLEUR, *entrant*. Faites pas attention... C'est moi... Eh ! là-bas, l'Anglais, j'ai cassé dix-sept assiettes.

SIR JOHN. Très-bien.

LAFLEUR, *aux Délassements*. Tiens! c'est vous.

DÉLASSEMENTS. Moi-même... Vous voilà donc domestique ?

LAFLEUR. A gages, monsieur... je suis esclave... j'ai tout perdu... il m'a pris à son service. j'ai accepté... tenant à lui rendre les 17,000 francs qu'il m'a prêtés... il me les retient à raison de 50 francs par mois, ça fait que je serai quitté avec lui dans trente-quatre ans.

DÉLASSEMENTS. C'est bien, cela... vous êtes honnête.

LAFLEUR. Le malheur m'a mélancolisé, mais corrompu, jamais... Vous me tendez la main, vous ne craignez pas de vous compromettre, soyez béni ; mais, pardon, il faut que je fasse mon métier de valet... O ! mes ancêtres, que vous devez avoir honte... L'Anglais ?

SIR JOHN. Quoi ?

LAFLEUR. Vous n'avez rien à me commander ?

SIR JOHN. Si... je... voulais...

LAFLEUR. Vous n'avez rien... C'est bon... Valet, quel cataclysme !

TOURNIQUET. Maintenant, mes chers hôtes, que vous voilà tous réunis, que faisons-nous pour tuer notre soirée ?

DÉLASSEMENTS. Oui, faisons quelque chose... Soyons gais.

SCÈNE IV.

LES MÊMES, RIGODIN.

RIGODIN, *un sac de nuit à la main*. C'est ça, mille tonnerres ! soyons gais...

TOURNIQUET. Rigodin.

RIGODIN. Moi-même, j'arrive sans façon m'installer chez vous.

MADAME TOURNIQUET. Bon!

RIGODIN. Je me suis dit : ce satané Tourniquet, moi qui lui fournis des rubans depuis trente ans, je l'ai assez reçu chez moi l'hiver pour venir passer quelques jours avec lui dans sa villa.

TOURNIQUET. Vous avez bien fait, palsembleu ! (*Bas à sa femme*.) Il est sans gêne.

RIGODIN. J'ai été malade, vous savez... le médecin m'a ordonné les bains de mer... mais ça coûte un prix fou, dans les hôtels, et puis la mer m'ennuie... ça ne vous contrarie pas.

TOURNIQUET. Pas du tout... Marguerite, va préparer une chambre.

RIGODIN. Ces messieurs sont des hôtes à

Tourniquet, des amis; les amis de nos amis sont nos amis... Ça va bien... Ah! dites donc, Tourniquet, il vient de m'arriver une drôle d'aventure.

TOURNIQUET. Où ça?

RIGODIN. Dans la diligence... on peut tout dire, nous sommes en famille... Eh! bien, mon cher, je viens de faire la connaissance d'une femme charmante, une Italienne, une cantatrice adorable, mon cher... Elle allait à Dieppe prendre les eaux... j'ai tant fait qu'elle s'est décidée à ne pas aller plus loin... je l'ai invitée à passer quelques jours avec nous ici, sans façon.

TOURNIQUET. Comment! une inconnue...

RIGODIN. J'en réponds... et puis, parole d'honneur, je crois que j'en suis amoureux. Ça ne vous contrarie pas?

TOURNIQUET. Mais, mon cher Rigodin...

RIGODIN. Toujours aussi aimable; je vais introduire ma conquête.

LAFLEUR, *lui prenant la main*, Merci, monsieur, vous avez eu une bonne pensée, c'est gentil ici, mais ça manque de femmes. Les soirées sont d'un triste...

RIGODIN. N'est-ce pas?... c'est que je craignais... entrez, madame.

SCÈNE V

LES MÊMES, CHARLOTTINI.

CHARLOTTINI. Voilà... Tiens, c'est drôle ici... où qu'est le patron de la case ?

TOURNIQUET. Ah! elle n'est pas mal... Belle dame... j'ai celui de... enfin je suis votre Écossais... asseyez-vous donc !

RIGODIN. Dites donc, vous savez que vous pouvez la faire chanter ?

TOURNIQUET. Oh! pas tout de suite comme ça!

RIGODIN. C'est sa partie... elle a une voix charmante.

CHARLOTTINI. Dites donc, Rigodin, vous ne savez pas ce qui vient de m'arriver ?

RIGODIN. Divulguez-nous-le, chérie... ça ne te contrarie pas?

TOURNIQUET. Enchanté.

CHARLOTTINI. Je passais devant l'unique café du village. J'ai été reconnue par trois commis-voyageurs et deux messieurs très-bien. Il y en a un qui m'a applaudie à Marseille, l'autre à Lyon et les trois autres m'ont couronnée à Toulouse. Ils voulaient faire un punch en mon honneur. Je leur ai dit que je n'étais pas seule et que je venais vous rejoindre dans cette résidence. Ils n'ont pas voulu me croire, je leur ai dit : venez y voir, et ils sont là.

RIGODIN. Qu'ils entrent, ça ne te contrarie pas?

TOURNIQUET. Je crains que ma femme!..

RIGODIN. Bah! madame Tourniquet aime la société... à la campagne... Signora... invitez vos amis, vos amis... qu'ils soient les nôtres.

CHARLOTTINI. Eh! Anatole?

SCÈNE VI

LES MÊMES, ANATOLE, *à la fenêtre au dehors*, puis GUSTAVE et ERNEST.

ANATOLE. Ah !... je vous retrouve...

CHARLOTTINI. Entrez donc... vous n'êtes pas de trop...

ANATOLE, *enjambant la fenêtre*. Si ces messieurs et dames permettent.

MADAME TOURNIQUET. Mais on nous prend d'assaut.

CHARLOTTINI. Où est Gustave?

ANATOLE. Le voilà qui vient avec Ernest et Alfred.

TOURNIQUET. Grands Dieux ! mais je ne puis pas nourrir tant de monde !

SIR JOHN. Laissez, je paierai leur part.

TOURNIQUET. Ce n'est pas une auberge ici.

ANATOLE. Par ici donc... (*Entrent Gustave et Ernest.*) Permettez-moi de vous présenter monsieur Gustave, vétérinaire pour les deux sexes; monsieur Ernest, pédicure des corps de l'État.

TOURNIQUET. Ah ! bon, ce sont des personnages de distinction.

RIGODIN. On va au moins s'amuser ici. Tiens, j'oubliais de vous présenter le maître de la maison. Eh ! là-bas, viens un peu. (*Aux autres.*) Monsieur Tourniquet, le propriétaire de cet immeuble. Sa femme...

ANATOLE, *saluant*. Madame !

LES AUTRES. Madame !

CHARLOTTINI. Maintenant amusons-nous.

TOUS. Amusons-nous.

MADAME TOURNIQUET. Mais il est dix heures, c'est le moment où on se couche à la campagne.

CHARLOTTINI. A dix heures? l'heure où on se lève; jamais!

TOURNIQUET. Messieurs, acceptez mes excuses; mais ma femme tombe de sommeil et moi aussi je...

RIGODIN. Eh bien! allez, nous n'avons pas besoin de vous. (*Rappelant la bonne.*) Éclairez monsieur et madame.

TOURNIQUET. Mais... et vous?

LAFLEUR. Nous, nous restons.

CHARLOTTINI. Certainement, vous nous donnez l'hospitalité ! Il est trop tard pour retourner dans nos hôtels. Nous coucherons ici.

TOURNIQUET. Ici !... mais je n'ai pas de place !

RIGODIN. Bah ! nous prendrons ce salon... à la campagne, nous savons ce que c'est que de dormir sur des chaises.

TOURNIQUET. Dans mon salon ! ah! mais, messieurs...

LAFLEUR. Allez-vous nous laisser tranquilles à la fin ! voyons, allez-vous coucher.

CHARLOTTINI. Allez-vous coucher.

DÉLASSEMENTS. Et cela tout de suite.

MADAME TOURNIQUET. Ce sont peut-être des brigands !

SIR JOHN. Laissez, je paierai leur part.

RIGODIN. Allez-vous coucher? voyons !

TOUS. Au lit !

RIGODIN.
Air des Bourguignons (MANGEANT).

Tournez-nous vit' le dos.

TOUS.
Dos, dos, dos, dos.

RIGODIN.
Regagnez vos dodos.

TOUS.
Dos, dos, dos, dos.

RIGODIN.
Au plus tôt qu'on se sauve,
Rejoignez votre alcôve,
Et tirez les rideaux
De vos calmes dodos.

TOUS.
Allons tournez-nous le dos.

RIGODIN.
Sans retard, partez donc.

TOUS.
Donc, donc, donc, donc.

RIGODIN.
Vous mettr' sous l'édredon.

TOUS.
Don, don, don, don,
Don, don.

TOURNIQUET.
Quel abominable tapage!

TOUS.
Page, page, page, page.

M. TOURNIQUET.
Ils vont de tout faire un carnage.

TOUS.
Nage, nage, nage, nage.

TOURNIQUET.
Nous sommes frits.

TOUS.
Rits, rits, rits, rits.

MADAME TOURNIQUET.
Et nous verrons.

TOUS.
Rons, rons, rons, rons.

TOURNIQUET.
Notre villa.

TOUS.
La, la, la, la.

MADAME TOURNIQUET.
Sens dessus d'sous.

TOUS.
Sous, sous, sous, sous.

RIGODIN.
Tournez-nous vit' le dos.

TOUS.
Dos, dos, dos, dos.

RIGODIN.
Et gagnez vos dodos.

TOUS.
Dos, dos, dos, dos.

(*On pousse M. et M*me* Tourniquet dans leur chambre.*)

SCÈNE VII

LES MÊMES, *moins* MONSIEUR *et* MADAME TOURNIQUET.

RIGODIN. Ah!... on va donc pouvoir rigodiner un peu... Vous savez, liberté pleine et entière... que ceux qui aiment la chasse, se livrent à ce délassement.

DÉLASSEMENTS. Plaît-il ?

RIGODIN. Je parle en général...

LE GUIDE. Il paraît que ce monsieur a servi...

RIGODIN. Que ceux qui préfèrent la pêche...
LAFLEUR. Au vin...
RIGODIN. Non, à la ligne, s'exercent à ce plaisir.
CHARLOTTINI. Voici justement une canne à pêche... et un bocal plein de poissons rouges... c'est mon affaire.
LAFLEUR. Les poissons de madame Tourniquet.
CHARLOTTINI. Ne bougez pas, ça mord...
RIGODIN. Bon... un canard somnambule qui se promène dans la basse-cour au clair de la lune... joue... feu... (*Il tire un coup de fusil.*)
DÉLASSEMENTS. Vous allez peut-être réveiller M. Tourniquet...
SIR JOHN. Pas moyen de s'amiouser chez ce Tourniquet.
ANATOLE. S'il n'est pas content qu'il aille coucher au poste; tiens, à propos de violon... voici une flûte!...
TOUS. Une flûte.
CHARLOTTINI. Des instruments... faisons un peu de musique.
SIR JOHN. Oh! yes, un peu de musique... je adorais la musique.
LAFLEUR. La musique console les cœurs affligés. (*Aux Délassements.*) En êtes-vous?
DÉLASSEMENTS. Certainement, je m'empare de la flûte.
RIGODIN. Moi, du violon, j'en pince assez agréablement. Allons mettons-nous d'accord; mademoiselle Charlottini fera sa partie vocalement, veuillez nous donner le la. (*On s'est préparé pour le concert.*)
CHARLOTTINI, *chantant*. La.
RIGODIN. Quel joli la. Son la me va là.
LAFLEUR. Je suis de l'avis de monsieur, vous avez le beau.
RIGODIN. Allons, messieurs, je donne le signal et tâchons d'aller en mesure si c'est possible.

CONCERT COMIQUE.
(*Musique nouvelle de M. Camille Michel.*)

SCÈNE VIII.

LES MÊMES, M. et Mme TOURNIQUET, *costumes de nuit*.

TOURNIQUET. Messieurs, c'est une infamie, une horreur!
TOUS. Hurra!
TOURNIQUET. Vous m'avez essouflé... vous êtes tous des chenapans!... des malfaiteurs...
RIGODIN. Silence! vous n'avez pas la parole.
TOURNIQUET. Messieurs je... (*Bruit de tambour.*)
DÉLASSEMENTS. Que signifie cette peau d'âne?
LE GUIDE. C'est un régiment qui rentre en France, et se rend au camp de Saint-Maur.
DÉLASSEMENTS. Diable... la rentrée des troupes, c'est le moment de regagner la capitale... ce deviendrait dangereux, d'autant plus que j'en ai assez des voyages; qui aime les spidals me suive; je vais au camp de Saint-Maur.
Air : *Trou la la*.
Vite au camp! (*bis*)
C'est un spectacle piquant,
Vrai volcan,

LES DÉLASSEMENTS EN VACANCES

Vers le camp,
Je pars d'un air provoquant;
J' vais donc admirer un camp.
Et je l' dis d'avance, quand
J'aurais vu le Vatican,
Je n' s'rais pas plus suffoquant!

REPRISE.

Vite au camp (*bis*)
Je pars } d'un air provoquant, etc.
Il part

DÉLASSEMENTS.

Je m' souviens qu'un jour à Caen,
Un monsieur très-éloquent,
M'a dit : C' n'est pas un cancan.
Vrai!... rien n'est plus beau qu'un camp!

REPRISE.

Vite au camp! (*bis*) etc.

(*Sortie générale. — Le décor change.*)

NEUVIÈME TABLEAU

Le Camp de Saint-Maur.

SCÈNE I.

SOLDATS, REDON, PILOU.

CHŒUR.

Air : *Ton taine, ton, ton*. (Orphée).

En ces lieux ce qui nous amène,
Ton taine, ton ton taine;
C'est la douce distribution,
Ton, ton, ton, ton,
Des lettres; quelle bonne aubaine!
Ton taine, ton, ton, taine,
Qu'on nous écrit de notre nation,
Ton, ton, ton, ton,

REDON. Parfait... Qu'on se place sur son centre avec gravité et circonspection; Pilou, passez-moi les lettres et missives qu'en ma qualité de vaguemestre je dois distribuer à chaque homme y compris les caporaux.
REDON, *lisant.* A Monsieur, Monsieur Pilon, fantassin de l'armée française, ous-qu'il sera de la part de ses pères et mères.
PILOU. C'est pour moi.
REDON. Pour vous, je vous trouve bien présomptif, vous voyez que je lis, Pilon... est-ce que vous, vous interpellez Pilon?
PILOU. Il est certain que je ne m'interpelle point Pilon.
REDON. Alors, nom d'un mortier! mettez votre langue dans votre giberne... le nommé Pilon (*Répétant.*) Le nommé Pilon, est-il ici présent? S'il n'y est point, qu'il le dise.
PILOU. Je ne connais point de Pilon dans la compagnie.
REDON. Vous ne connaissez point... vous me ferez trois jours de salle de police pour ne pas connaître le nommé Pilon, à qui son mon devoir est de remettre une lettre...Vous autres, allez me chercher le nommé Pilon, faut qu'on me le trouve, mille tonnerres!
PILOU. Mais, sergent.
REDON. Il n'y a pas de mais... je ne vois que mon devoir... si dans 15 minutes je n'ai point Pilon, je vous flanque tous en consigne.

PILOU. Sergent, une réflexion, Pilon... si c'était Pilou.
REDON. Pilou, puisqu'il y a Pilon sur la missive.
PILOU. En fait de Pilon, sergent, il y a moi, Pilou.
REDON. Vous voulez me faire prendre des *n*, pour des *u*, dites que je suis un ignare, tout de suite, Pi... pi... lon lon... je vous dis Pilon, ousqu'il sera de la part de ses pères et mères.
PILOU. Mais... d'où qu'elle vient la lettre?
REDON. Landouillé près les Vaches.
PILOU. C'est de ma famille, c'est pour moi.
REDON. Pour vous...Pilon c'est pour Pilou.
PILOU. C'est mon pays!...
REDON. Votre parole d'honneur.
PILOU. Sur la bretelle de mon fusil, sergent!
REDON. Alors que vous m'avez trompé, et que vous vous êtes faufilé dans le bataillon sous un nom présumé.
PILOU. Mais sergent...
REDON. Il n'y a pas de sergent, vous déclarez vous nommer Pilon, c'est bien, je vous délivre votre lettre, mais la première fois que vous vous ferez appeler Pilou devant moi... je ne vous communique que cela.

REPRISE DU CHŒUR.

En ces lieux, etc.

SCÈNE II.

REDON PILOU.

PILOU. Dites donc sergent?
REDON. Que me voulez-vous, Pilon?
PILOU. Vous avez de l'instruction vous.
REDON. Cette demande me paraît grossièrement intempestive, je présume, que la rhétorique et la métaphysique ne me sont point étrangères.
PILOU. Savez-vous lire?
REDON. Vous me dites des injures, Pilon, comme est-ce que vous voulez qu'ayant reçu de l'inducation je ne sache point faire la lecture, qui est la première des sciences après l'arithmétique comparée?
PILOU. Eh! bien que pour lors je vous serai reconnaissant de me dire ce qu'il y a dans cette lettre qu'on m'expédie du pays.
REDON. Pilon, vous me prenez pour un écrivain public; nonobstant, je vais vous octroyer cette faveur parce que je suis votre supérieur, et qu'il est de mon devoir de connaître ce qui vous concerne. Je commence, Landouillé près les Vaches, 16 juillet 1859. Un point.
PILOU *pleurant*. C'est mon pays.
REDON. Silence, Pilon; soyez un homme et ne descendez point au rang des bœufs en bas âge... je continue... Mon cher fils... neveu, cousin, et promis. — Il paraît que c'est tout le monde qui vous écrit. — Une lettre omnibus quoi... Celle-ci est à seule fin de t'apprendre que nous t'écrivons. — Elle a du style ta famille... — En même temps pour te dire que nous nous portons bien.
PILOU. Ils se portent bien, j'en suis intrinsèquement satisfait.

LES DÉLASSEMENTS EN VACANCES

REDON, *lisant.* « Et toi, comment que tu vas? »

PILOU. Pas mal, merci.

REDON. Si ence ! « Nous sommes charmés de savoir que tu t'habitues à la cavalerie et que la selle ne t'incommode pas, et qu'enfin te voilà caserné au camp de St-Maur, ousque tu goûteras les douceurs du repos, nonobstant. Quand est-ce que tu vas être nommé colonel?... » Il paraît qu'ils sont pressés à Landouillé près les Vaches, « Quant à nos pommes, elles seront si abondantes que nous voudrions que ça soit des prunes, — Je t'en... vois... » — Ah! ils t'envoient quelque chose, c'est par là qu'ils auraient dû commencer.

PILOU. Voyons. Qu'est-ce qu'ils m'envoient.

REDON. « Je t'en vois satisfait pour nous. » — Oh! drôle d'écriture !

PILOU. Ils m'en voient satisfait seulement.

REDON. Oui, le cadeau n'est pas lourd, ça ne doit pas leur y coûter cher! « Ta mère fait toujours ses den... » Comment, ta mère fait ses dents !

PILOU. Ah! tant mieux il ne lui en restait plus qu'une.

REDON. « Fait toujours ses dentelles. » Ah! ses dentelles! « Ta tante fait toujours des confitures et ta promise va semer des melons avec le grand Niclou. » — Dis donc, ta promise qui sème les melons.

PILOU. Elle m'aime tant ma promise.

REDON. « Ah! il faut que je t'apprenne que demain nous allons à la noce du père Michaud, qui épouse un champ de trente arpens, et que M. le maire doit le marier aujourd'hui, vu qu'il doit être père demain en même temps. — Écris nous et fais nous savoir de tes nouvelles. Si tu trouves en même temps un paletot bon marché pour ton père, tu peux lui envoyer, je tâcherai qu'il le mette dimanche. » C'est gentil ça.

PILOU. Merci.

REDON. « Si tu ne trouves pas de paletot, envoie-lui toujours des bretelles en gomme élastique. Si tu n'avais pas d'argent, empruntes-en à ton général, qui en a beaucoup, à ce que dit Ridon. Adieu, je t'embrasse; j'oubliais aussi de te dire de nous envoyer aussi des souliers pour la tante qui a des cors et que les sabots lui font mal. Je t'embrasse, ton père Pilon Jean Marie Stanislas, tourne la page, Auguste Charles Ursulin. Je t'embrasse, ta femme légitime de Pilou soussigné ; je t'embrasse ta tante veuve Mouchette, rue Aubry, 22, en face la maison de M. Troutoucard ; je t'embrasse, ta promise Okaïva qui t'aime pour la vie, ainsi que Niclou, garde-chasse chez M. Viradot soussigné, poste aux ânes ; à peine que j'ai mis cette lettre à la poste que je m'aperçois que je ne l'ai pas affranchie, je cherche le facteur, mais il est parti, tu mettras ça sur mon compte, je t'embrasse ; ton père Pilon Jean-Marie, Stanislas Auguste Charles, Ursulin. »

PILOU.

Air : *O ma tendre musette!*

Voulez-vous que j' vous dise
Toutes mes réflexions,
C' qui m' gên', c'est ma promise

Qui va semer des m'lons.
Entre nous, moi, je trouve
Ceci dangereux pour moi.

REDON.

Au contraire, ça prouve,
Ça prouv' qu'elle pense à toi.

Pilon est d'une philosophie philharmonique.

SCÈNE III.

LES MÊMES, LES DÉLASSEMENTS, LE GUIDE, puis LES SOLDATS.

LE GUIDE. Viens par ici... nous voici au camp.

LES DÉLASSEMENTS. C'est le camp de Saint-Maur, des maisons en toile.

LE GUIDE. Les toiles de l'honneur des militaires, messieurs, je vous présente mes hommages.

REDON. Bonjour, bourgeois.

LES DÉLASSEMENTS. J'adore les soldats.

REDON. Tu n'es point dégoûté. Qui que tu es, toi?

LES DÉLASSEMENTS. Je suis... (*A part.*) Diable, et mon incognito... je suis les Délassements Comiques.

REDON. Les Délassements... En fait de délassements je ne connais que les fauteuils.

LE GUIDE. Il le prend pour un siége.

DÉLASSEMENTS. Me voilà rembourré, c'est égal, l'incognito me sauve, voilà ce que je voulais... passer en revue les uniformes et les types de l'armée française, histoire de faire comme tout le monde.

REDON. Suffit, le militaire français professe l'obligeance aussi bien que les civils. Eh! là-bas... avancez à l'ordre. (*Le zouave, le zéphir, le turco s'avancent.*) Celui-ci c'est le zouave, l'échantillon ci-joint est originaire de la tribu des beni Mouffetard ; en fait d' langue arabe il est fort comme deux Turcs; pour ce qui est de sa langue maternelle, il la parle comme une génisse espagnole. Quant à son caractère,

Air du *Zou-zou.* (NARGEOT.)

Il s'en va toujours de l'avant,
Rien sur terre ne l'effarouche,
Il s'élance au feu carrément,
En riant et la pipe à la bouche.
Quand l'ennemi d'vient turbulent.
C'est pas un homme, c'est une lave.
 Voilà le zou-zou,
 Voilà le zou-zou, } Bis.
 Voilà le zouave!

D'un surnom plus original,
Lui-même à présent se baptise
Ça sent mieux le désert natal,
Et c'est bien plus moustache grise,
Il s'intitule le chacal,
Pour l'étranger ça devient grave.

Tel est le zouzou, etc.

REPRISE ENSEMBLE.

DÉLASSEMENTS. Cristi ! vivent les zouaves! ils me vont, ces chacals-ci ! Je regrette d'avoir tourné à l'aérostat, je me serais engagé avec eux... mais j'ai un ventre qui m'empêchera de rentrer dans leur corps... Celui-ci ?

LE GUIDE. Celui-ci c'est le zéphyr, ainsi nommé parce qu'il court toujours devant; il a le nez aquilon, le courage du lion et la souplesse du tigre. Il irait d'Alger à Pékin au pas gymnastique... ne commettez pas l'imprudence de lui demander la lune, il irait la décrocher.

Air du *Bal du Sauvage.*

V'là du zéphyr farouche,
Le portrait ressemblant;
C' n'est pas un saint'-nitouche,
Mais c'est un bon vivant.
Que faut-il à la femme
Pour voir son cœur s'ouvrir
A l'amoureuse flamme?
Il faut un souffle du zéphyr?

REDON.

S'il aime la ripail'e,
Quand vient l'heur' du combat
Au milieu d' la bataille
C'est un rude soldat,
Alors, quand il le daigne,
Si l'enn'mi veut mugir,
Pour que son feu s'éteigne,
Il n' faut qu'un souffle du zéphyr. (*bis.*)

DÉLASSEMENTS. Voilà comme je comprends le souffleur!... Faudra que je fasse causer le mien avec un zéphyr, cette revue m'enflamme, je suis un théâtre enflammé.

SCÈNE IV.

LES MÊMES, LE TURCO.

LE TURCO. Eh bien! nom d'un Caraïbe, on m'oublie, moi.

LES DÉLASSEMENTS. Quel est ce mauricaud?

REDON. Qui il est?... c'est boule de neige, le dernier venu ; mais laissez faire, les derniers seront les premiers.

LE TURCO. Et en avant, notre chant du régiment.

Air : *Fanfare de cavalerie.*

Gentil turco,
Quand autour de ta boule,
Comme un serpent s'enroule
Le calicot
Qui te sert de schako,
Le chic exquis
Par les turcos acquis,
A qui
Le doivent-ils? à qui?
Au riquiqui!
Au rack, au riquiqui.

REPRISE.

PILOU.

Quand un turco
S'en va voir sa maîtresse;
D'abord il la caresse
De coups d' tricot,
A lui casser l' chicot.
Le chic exquis, etc.

REPRISE.

DÉLASSEMENTS. Charmant! ravissant! Oh! les soldats! la gloire! A mon retour à Paris je prends le cirque d'assaut... continuons.

REDON. Nous avons encore 200,000 hommes à passer en revue.

DÉLASSEMENTS. Amenez-les-moi.

LE GUIDE. Tu es fou. Où voudrais-tu les mettre?

DÉLASSEMENTS. Ça m'est égal... on se serrera un peu... Voir ces braves, j'en verrais pendant deux années de suite... les fils de la bravoure... des gens qui seraient capables de voir dix-sept fois de suite le naufrage de la Peyrouse. Voyons, le verriez-vous?

REDON. Tout de même.

DÉLASSEMENTS. Quel courage!... c'est à lui sauter au cou! et je m'embrasserais pas la carrière militaire? Si, tant pis! je l'embrasse. Sergent, apprenez-moi l'exercice... le médecin m'a dit que l'exercice me ferait maigrir... Seulement, je tiens à monter tout de suite en grade... Voyons, qu'est-ce que je pourrais bien être? Gros major?

LE GUIDE. Ou grosse caisse.

DÉLASSEMENTS. Je suis électrisé!

REDON. Ce n'est pas tout...

DÉLASSEMENTS. Quoi encore?

REDON. Nous avons à voir les croix et médailles.

DIXIÈME TABLEAU

Les Croix.

Décor allégorique, attributs militaires.

SCÈNE PREMIÈRE.

LE GUIDE, DÉLASSEMENTS, REDON.

LE GUIDE. Nous sommes arrivés...

DÉLASSEMENTS. Où ça?...

LE GUIDE. Ici...

DÉLASSEMENTS. Qu'est-ce que c'est qu'ici?

LE GUIDE. Le musée de tous les ordres, l'arsenal de toutes les croix, de toutes les décorations.

DÉLASSEMENTS, *regardant le décor*. En fait de décoration, j'aime assez celle-ci...

REDON. On peut pénétrer ici sans mot d'ordre...

DÉLASSEMENTS. Il y a l'air d'en avoir beaucoup d'ordre ici... Mais qui est-ce qui va nous faire les honneurs?... Qui nous fera visiter le conservatoire de la gloire et de la vaillance?...

LE GUIDE. Qui!... La Brochette... Justement la voilà.

SCÈNE II.

LES MÊMES, LA BROCHETTE.

LA BROCHETTE.

Air de la Monaco.

Regardez-moi d' près,
Moi, je suis la Brochette,
Quel emploi jamais
Eût plus d' part au succès?
Les rois, les sujets,
Chaque héros m'achète;
J'en suis fière et m' fais
La gardienne des hauts faits.
Un bravo a-t-il,
Dans le péril,
Gagné cran'ment des croix d' tel ou tel ordre.
Sans m' faire prier
J' les mets en ordre,
J' les mets ne rang pour les fair' mieux briller.

REPRISE.

Regardez-moi d' près, etc.

DÉLASSEMENTS. Ah! je comprends.

LA BROCHETTE. À vos ordres... A cet arracheur de dents, qui se dit dentiste de toutes les têtes couronnées des quatre parties du globe, à ce charlatan chamarré des ordres de l'Éléphant blanc, de la Boule de Siam et du Bouton de cristal, je donne une brochette en ruolz...

LE GUIDE. Attrape...

LA BROCHETTE. Mais à ces littérateurs qui ont émerveillé le monde avec leurs romans, leurs drames et leurs voyages... une brochette en or...

DÉLASSEMENTS. Quelle platine!...

LA BROCHETTE. Attention, voici les décorations qui s'avancent...

DÉLASSEMENTS. Ces décorations viennent comme des changements à vue...

SCÈNE III.

LES MÊMES, LA CROIX DE MALTE, LA TOISON D'OR, LA MÉDAILLE DE SAINTE-HÉLÈNE, LA MÉDAILLE DE CRIMÉE, LA CROIX DE MÉDIDJÉ.

CHOEUR.

AIR :

Viv'nt les croix et les médailles
Que l'on voit briller sur tout noble cœur,
En paix comme dans les batailles
C'est pour tous le signe de l'honneur.

LA CROIX DE MALTE. Je suis la Croix de Malte, veux-tu de moi?... Seulement, prends garde, j'impose le célibat.

DÉLASSEMENTS. Tu m'imposes le célibat... Cette croix est une addition sans multiplication. Je préfère ce petit minois piquant.

LA TOISON D'OR. Je suis la Toison d'Or...

DÉLASSEMENTS. Une toison... je me disais aussi, elle a une voix d'agneau.

LA MÉDAILLE DE SAINTE-HÉLÈNE. Je suis la Médaille de Sainte-Hélène... un souvenir...

DÉLASSEMENTS. La Médaille de Sainte-Hélène... salut!...

LA MÉDAILLE.

AIR : *Mazaniello.*

Cette médaille qui rayonne
Sur le cœur de nos vieux soldats,
Est du métal de la colonne,
Le monument des grands combats ;
Des guerriers de mil huit cent onze
Le pays sera toujours fier...
Il fallait un' médaill' de bronze } Bis.
Pour décorer ces homm's de fer. }

LA MÉDAILLE DE CRIMÉE. Quant à moi, je suis :

AIR nouveau de M. GOURLIER.

La médaill' de Crimée
Qui rappell' c'est son but,
Qu' la Turquie décimée
Nous a dû son salut.
Amis, dans la bataille,
Nous nous avons couverts...
Pour nous, c'est un' médaille
Qui n'eut pas de revers.

REDON. Qu'il ne faut point rire, et que cette médaille-là m'aurait fait plaisir à recevoir ; seulement alors, j'étais en Afrique, et Pilon était chez sa nourrice, ou qu'il passait le Tessin...

DÉLASSEMENTS. Une semblable collection de médailles m'irait assez... Ça pose un homme.

LA BROCHETTE. Oui ; mais il en coûte pour se payer ces embellissements-là ; plus d'une croix cache une blessure, plus d'un ruban rouge doit sa couleur au sang d'un brave...

REDON. Bah! la croix d'honneur, c'est la panacée universelle, ça guérit de tous les maux...

DÉLASSEMENTS. Mais, je ne vois ni la Croix rousse... ni la Croix rouge... ni le Cordon bleu...

REDON. Que ce sont des ordres purement civils, et qui ne se trouvent que dans l'almanach des 25,000 adresses.

LA BROCHETTE. Adresse-toi à la cuisinière bourgeoise pour le Cordon bleu...

DÉLASSEMENTS. Elle a compris mon mot. Je me suis élevé à la brochette... Autre chose encore...

LE GUIDE. Quoi, donc ?...

DÉLASSEMENTS.

AIR *de Julie.*

Il est une croix fort peu drôle
Que je cherche en vain du regard,
Pourtant elle joue un grand rôle
Dans les drames du boulevard ;
Elle est d'un effet nécessaire,
J'en parle avec des larmes dans la voix....
Je sanglote, quand je la vois...
Grands Dieux, c'est la croix de ma mère!

LE GUIDE. Allons! allons!... Pas d'air, cinquième acte.

DÉLASSEMENTS. Quel est cet ordre, là-bas?

LA BROCHETTE. La croix du Médidjé, un ordre étranger...

LE GUIDE. Il est en grand honneur chez les Turcs...

DÉLASSEMENTS. C'est pour ça qu'il a un bonnet grec...

LE GUIDE.

AIR *de Pilati.*

Éclatant
Et brillant
Cet ordre vient du saltan,
Il ne faut qu'un firman
Pour le suspendre au ruban.

DÉLASSEMENTS.

Pour avoir cette croix-là
Que la Turquie attacha
A la bravoure, il est sûr qu'
Il faut êtr' fort comme un Turc.

REPRISE.

REDON.

Au constructeur de chemin d' fer
J' voudrais qu' cet ordr' fût offert
A la fin de son travail,
En récompens' de sérail.

(*Parlé.*) En voilà un qui est ficelé!...

REPRISE.

(*Bruit au dehors.*)

LE GUIDE. Qu'est-ce que c'est ça? Une dispute.
DÉLASSEMENTS. Le désordre qui se met parmi les ordres...
LA BROCHETTE. Nous allons savoir...

SCÈNE IV.

Les Mêmes, L'ORDRE DU BAIN, LA JARRETIÈRE, LA MÉDAILLE DE SAUVETAGE.

L'ORDRE DU BAIN. C'est une impertinente...
LA JARRETIÈRE. Une pas grand'chose...
L'ORDRE DU BAIN. Oser se comparer à nous...
LA JARRETIÈRE. Prendre place à nos côtés...
DÉLASSEMENTS. Quels sont ces dames?...
L'ORDRE DU BAIN. Je suis la décoration de l'Ordre du Bain... mes titres de noblesse remontent à Henri IV, roi d'Angleterre.
LE GUIDE. Et vous?...
LA JARRETIÈRE. Je suis la décoration de l'Ordre de la Jarretière...
DÉLASSEMENTS. Ah! fichtre... et peut-on voir?...
LA JARRETIÈRE. A bas les pattes... Honni soit qui mal y pense...
DÉLASSEMENTS. Perdez donc un peu votre élastique, pour faire de la mise en scène.
LA JARRETIÈRE. Il n'y a pas de danger.
DÉLASSEMENTS. Il paraît que ses bas se tiennent.
LA JARRETIÈRE. Voulez-vous vous taire. (*Elle le repousse.*)
DÉLASSEMENTS. J'aurais cru cette jarretière plus élastique.
LA BROCHETTE. Mais le motif de votre querelle?
LA MÉDAILLE DE SAUVETAGE. Le motif, c'est moi, la Médaille de Sauvetage... Ces dames prétendent que je ne suis pas digne de figurer auprès d'elles?
L'ORDRE DU BAIN. Non! non!... Allez-vous-en !
LA MÉDAILLE DE SAUVETAGE. Je n'ai pas d'ordres à recevoir de vous.
DÉLASSEMENTS. L'Ordre du Bain va vous fiche un savon.
LA JARRETIÈRE. Qu'elle s'éclipse !
DÉLASSEMENTS. La jarretière est montée.
L'ORDRE DU BAIN ET LA JARRETIÈRE. Qu'elle parte !
DÉLASSEMENTS. La Médaille de Sauvetage n'a plus qu'à se sauver.

L'ORDRE DU BAIN. — LA JARRETIÈRE.

Air : *Galop du Tourbillon* (MUSARD.)

Partez!
Partez!
Sa présence
Est une offense ;
Partez !
Partez !
Car vous nous déshonorez.

SCÈNE V.

Les Mêmes, LA CROIX DE LA LÉGION D'HONNEUR, DEUX DEMOISELLES D'HONNEUR.

LA CROIX. Arrêtez !
LE GUIDE, *salut militaire.* La Croix d'honneur.

LES SOLDATS. La Croix d'honneur !
LA CROIX. Cette médaille a le droit de rester parmi nous... Honneur au courage civil !

Air *de la Sentinelle.*

Il est très-beau d'aller dans vingt combats
Risquer sa vie au nom de la patrie ,
La France est fière à bon droit des soldats
Dont j'ai paré la poitrine meurtrie;
Mais du bourgeois, du modeste artisan ,
Risquant ses jours pour sauver son semblable,
Dans le feu, dans les flots bravant
La mort , le péril grandissant;
La gloire obscure est honorable ,
Très-honorable !

L'ORDRE DU BAIN. La Croix d'honneur a raison... comme toujours ; Médaille, je te rends mon estime.
LA JARRETIÈRE. Et moi, la mienne. (*Elles donnent la main à la Médaille de Sauvetage.*)
DÉLASSEMENTS. C'est égal, vous avez bien fait de laver la tête à l'Ordre du Bain, et de remettre la Jarretière à sa place.
LA CROIX. Tous les mérites sont frères, toutes les vertus sont sœurs.
DÉLASSEMENTS. Permettez-moi d'être très-honoré d'avoir fait votre connaissance.
LA CROIX. Je suis la récompense de tous les mérites... Et ne me voit-on pas resplendir sur la poitrine de l'écrivain comme sur celle du soldat?... Je console le blessé, j'enthousiasme le soldat; mais je fais aussi l'orgueil du poëte et de l'industriel utile à son pays.
REDON. Sapristi !... Mᵐᵉ la Croix d'honneur, quand on vous voit, on a des envies de devenir un grand homme.
PILON. Un tambour-major supérieur.
REDON. Silence, Pilon.
LE GUIDE. Ne venez-vous pas de remettre en honneur une glorieuse coutume du premier empire ?
LA CROIX. La décoration du drapeau.

Air : *Simple Soldat.*

Oui, cette croix que j'attache au drapeau
Du régiment qui prit dans la bataille
Un étendard enn'mi... n'est-ce pas beau ?
N'est-ce pas là récompense à sa taille ?
Ne pouvant les décorer à la fois
Tous les soldats, je suspends mes insignes,
A leur drapeau, témoin de leurs exploits,
A leur drapeau j'donne la croix ,
C'est dire qu'ils en sont tous dignes.

ENSEMBLE.

C'est dire qu'ils en sont tous dignes !

DÉLASSEMENTS. Tiens, les drapeaux, je ne serais pas fâché de les voir.
LA CROIX. Rien de plus facile. (*Elle étend la main, le décor change et représente des groupes de femmes tenant des drapeaux de toutes les nations.*)

CHŒUR.

Oui, voici de notre vaillance,
Amis, voici l'échantillon;
Devant le drapeau de la France
L'étranger baisse pavillon.

ACTE TROISIÈME

ONZIÈME TABLEAU

Les Champs-Élysées.

SCÈNE PREMIÈRE.

DÉLASSEMENTS, LE GUIDE, *puis* POLICHINELLE, GUIGNOL, LES BOUFFES, LE PANORAMA, LE CAFÉ-CONCERT.

DÉLASSEMENTS. Enfin, je foule donc le sol de la patrie !... Au diable les vacances à l'étranger !... Il n'y a encore que Paris pour se distraire.
LE GUIDE. Veux-tu te taire... à quoi serviraient les guides ?
DÉLASSEMENTS. Deviens guide parisien, et présente-moi les merveilles des Champs-Élysées, comme si je ne les connaissais pas.
LE GUIDE. Parbleu ! il n'y a que les Parisiens qui ne connaissent pas Paris...
DÉLASSEMENTS. Excepté les Champs-Élysées... car c'est là où les vrais Parisiens passent de véritables vacances... à pied, à cheval, en voiture... Assis sur la contre-allée... Et, entre nous, ni les ports de mer, ni les villes de bain, n'offrent une aussi jolie promenade.
LE GUIDE. Je mettrai cette réclame dans ma prochaine édition... En attendant, attention!... Paraissez, Merveilles des Champs-Élysées !

SCÈNE II.

Les Mêmes, GUIGNOL, LE CAFÉ-CONCERT, LES BOUFFES.

ENSEMBLE.

Air : *Belle Espagnole* (HERVÉ).

L'appel du plaisir
Nous fait accourir,
Nous savons venir
A votre désir ;
A ce rendez-vous,
Nous accourons tous,
D' vos bravos si doux
Nous sommes jaloux.

LE GUIDE, *appelant.* Guignol!
GUIGNOL. Présent !

Air : *La clef, la clef.*

Près de Guignol (*Bis*)
Polichinelle
Ne bat qu' d'une aile,
J'ai pris mon vol,
Je m' pouss' du col,
Chacun dit : allons voir Guignol.
Polichinell' de naissance
Est étranger, c'est certain ;
Moi j'ai vu le jour en France,
Je suis natif de Pantin.
Près de Guignol, etc.

Mon rival est très-féroce,
Il est hableur, insolent !

Je l' dessin' d'après la bosse,
Et le portrait est frappant.

Près de Guignol, etc.

Bref! auprès de sa boutique,
J'ai mis la mienne, et déjà
Polichinell' sans pratique,
S' désole et n'a plus un chat.

Près de Guignol (*bis*)
Polichinelle
Ne bat qu' d'une aile,
J'ai pris mon vol,
Je m' pousse du col,
Chacun dit : allons voir Guignol.

DÉLASSEMENTS. Quel est ce petit bonhomme ?
LES BOUFFES. Les Bouffes d'été..... trente-troisième orme à gauche.....
DÉLASSEMENTS. Attends-moi sous l'orme.
LES BOUFFES. Aux Champs-Élysées, je ne suis qu'un théâtre de passage... Mais, rue Monsigny !...
DÉLASSEMENTS. Rue Monsigny, tu es encore un théâtre de passage... Choiseul. Je croyais que le théâtre d'été avait changé de destination.
LE GUIDE. Pourquoi ?
DÉLASSEMENTS. Parce que j'y ai vu des bureaux. Quel est ce gros homme tout rond ?
LE PANORAMA, *avec un écriteau: Le public n'entre pas ici, sur la poitrine.* Le Panorama qu'on vient de construire, parallèle au Cirque...

Air *des Bossus.*

Je suis le Panorama du Rond-point,.
On aperçoit ma rotonde de loin ;
Vous viendrez m' voir et m'admirer, oui-dà,
C'est un coup-d'œil que nul ne regrott'ra,

DÉLASSEMENTS.

Non, je n' donn' pas dans le pano...rama.

LE GUIDE. Préfères-tu le Café-Concert ?
DÉLASSEMENTS. Je ne déteste pas la musique ; mais au café chantant, ça me scie le dos.
LE CAFÉ-CONCERT. Allons donc !... vous n'êtes pas entré dans mon établissement, depuis qu'on l'a environné de gazons verts, d'arbustes en fleurs, de discrets bocages !
DÉLASSEMENTS. Je croyais qu'il n'y avait plus de bocage, qu'au théâtre Saint-Marcel ?
LE CAFÉ-CONCERT. Des touffes de lauriers roses, des grappes de lumières, un paradis...

Air *de l'Amoureux de Pontoise.*

Café-Concert dans les Champs-Élysées,
L'été, je trône et fais des bienheureux ;
J'ai des chansons naïves ou rusées,
Des refrains gais, des motifs langoureux.
J'ai, pour me faire une bonne récolte,
Et contenter à propos chaque goût,
Des habits noirs qui chant'nt la chansonnette,
Et des rob's blanch's qui n' chantent pas du tout.
Concert dign' d'é ioge,
Ah ! j'ai triomphé...
Je suis le café
De l'horloge. (*ter.*)

DÉLASSEMENTS. Voilà un joli air .. tout ça est très-gentil... Mais je me rappelle toujours, qu'une fois que vous chantiez Gastibelza, voilà ce que j'ai entendu :

Air *de Gastibelza.*

Gastibelza, l'homme à la carabine,
Deux gloris !
Quelqu'un a-t-il connu doña Sabine ?
Un grog au vin !
Chantez, dansez, villageois la nuit gagne,
Un' choppe au six !
Le vent qui vient à travers la montagne
Un verre d'anis !
Boum !.... Me rendra fou...

J'aime mieux autre chose...
LE GUIDE. Le bal Mabille...

SCÈNE III.

LES MÊMES, LE BAL MABILLE, LE CHATEAU DES FLEURS.

LE BAL MABILLE. Le Bal Mabille, Voilà !...
LE CHATEAU DES FLEURS. Et le Château des Fleurs !...
LE BAL MABILLE, *aux Délassements.* Venez pincer votre petit pas, mon bonhomme.
LE CHATEAU DES FLEURS, *de même.* Non, non... venez chez moi.
DÉLASSEMENTS. Eh ! la concurrence... ménagez mes effets.
LE BAL MABILLE. Veux-tu laisser mon client, mauvais château de carton.
LE CHATEAU DES FLEURS. Attends, je vais te donner une danse...
DÉLASSEMENTS. Voyons, voyons... n'échauffez pas ma bile.
LE GUIDE. Faites valoir chacun vos attraits, au lieu de vous disputer.
LE BAL MABILLE. Je commence...

Air *du Dieu et la Bayadère.*

Viv' le bal Mabille !
Venez à la file !
Mon plaisir facile
Offre mille attraits.
Au diable la gêne !
Chacune, sans peine,
Chez moi devient reine
D'un coup de jarrets !
Mes danseuses folles,
Mes nobl's espagnoles,
Sont de Batignolles,
Ou d'la plac' Beauvau.
J'ai créé Frisette,
Minette, Blondette,
Laurett', Mignonette,
M' doiv'nt plus d'un bravo.
Mon bon temps, c'est encor
Le temps de Mogador,
De Clara,
Maria,
Ophélia.
Mais c' qui manque aujourd'hui
A mes fêtes de nuit,
C'est mon p'tit,
Dégourdi
De B.didi !

REPRISE.

Mais c' qui manque aujourd'hui, etc.

LE CHATEAU DES FLEURS. A mon tour... Le Château des Fleurs !
DÉLASSEMENTS. Vous devez demeurer rue Château... brillant ?
LE BAL MABILLE. Et boire du Château-Margot...
LE CHATEAU DES FLEURS. Tais-toi, où je deviens un Château... rouge, de colère...

Air : *Maman, les p'tits bateaux.*

Je suis un beau château,
Le Château des Fleurs où tout brille ;
Je suis un beau château,
Et mon luxe est toujours nouveau.
Si vous avez franchi,
Si vous avez franchi ma grille,
De chagrins affranchi,
Vous vous sentez tout rafraîchi.
Oui, les soucis, jamais
Dans mon gentil parterre,
Jardin plein de mystère,
N'inquiètent les muguets.
Des doux camélias,
N'est-il pas la ressource ?
Fleurs qu'on y sème tout bas,
Vous naissez sous les pas.
Là, si c'est votre goût,
Vous avez l' droit d' conter fleurette,
Et sans craindre beaucoup,
D' voir j'ter dans la gueule du loup.
Nos fillettes n'ont pas,
Dans mon séjour, des pieds d'alouette,
Pour s'enfuir de vos bras,
Lorsque vous vantez leurs appas.
Mais le doux mot : toujours !
A chez moi des rebelles ;
Les passions éternelles
Durent souvent... huit jours.
La constanc' quand même !
Quell's vilaines racines ;
Vrai, mes belles mutines,
Sont des belles de nuit !

REPRISE.

Je suis un beau château, etc.

LE GUIDE, *aux Délassements.* Eh bien ?... décide-toi !
DÉLASSEMENTS. Entre les deux, mon cœur ne balance pas.
LE BAL MABILLE. Vous choisissez ?
DÉLASSEMENTS. Le théâtre !...
LE BAL MABILLE. Le théâtre !... ce rival désastreux... Sauve qui peut !...

ENSEMBLE.

Air *de M. Gounlier.*

Partons au plus vite,
Car notre concurrent
Nous fait prendre la fuite ;
Partons à l'instant.

(*Tous sortent, excepté les Délassements et le Guide.*)

SCÈNE IV.

DÉLASSEMENTS, LE GUIDE, puis LES THÉÂTRES D'ÉTÉ et D'HIVER.

DÉLASSEMENTS. Oui, mon cher Guide, vois-tu, il y a longtemps que je suis sevré de théâtre, et avant tout, cela m'amuse ; c'est mon état, je demande à aller faire un tour chez mes confrères, pour savoir ce qu'ils ont fait pendant mon absence.
LE GUIDE. A ton aise... D'ailleurs, c'est désormais ta louable habitude, il faut que tu passes en revue les pièces parisiennes...
DÉLASSEMENTS. Et que j'en dise du mal...
Si je n'en disais pas de mal, je ne serais pas content. Fais-moi venir les théâtres.

LE GUIDE. Voilà! (*Il fait un signe. Entrée des théâtres d'hiver et d'été*).
LE THÉÂTRE D'HIVER. Qui demande le Théâtre? Je suis le Théâtre d'hiver!...
LE THÉÂTRE D'ÉTÉ. Et moi le Théâtre d'été... Nous étions en train de nous disputer, ma rivale et moi...
DÉLASSEMENTS. Vraiment?... Et peut-on savoir l'objet de votre querelle, charmants objets?
LE THÉÂTRE D'HIVER. Madame prétend qu'elle a autant de mérite que moi, et qu'elle est mon égale...
LE THÉÂTRE D'ÉTÉ. Certainement, je fais moins d'argent que toi, c'est possible, j'ai à lutter contre le soleil; mais l'intelligence que je dépense dans cette lutte m'attire les sympathies du public...
LE THÉÂTRE D'HIVER. Et là malédiction de ton caissier!...
LE THÉÂTRE D'ÉTÉ. Ne me dis pas de sottises, je te dis des malhonnêtetés...
LE THÉÂTRE D'HIVER. Je ne t'en dis pas, je te plains, au contraire.

AIR : *Renaudin de Caen*.

Mon pauvre théâtre d'été,
Combien peu tu fais de recettes !
Combien de fois pour les banquettes
Tu dépenses d'activité !

THÉÂTRE D'ÉTÉ.

Théâtre d'hiver tu me railles,
Mais à quoi bon crier si haut?
Si l'on s'enferme en tes murailles,
C'est pour avoir un peu plus chaud.

THÉÂTRE D'HIVER.

Chez moi le vrai plaisir, le soir,
C'est de n' jamais trouver de place,
On se presse, on s' pousse, on s'entasse,
Ah! qu'on est bien pour ne rien voir!

THÉÂTRE D'ÉTÉ

L'agrément m' paraît assez mince,
Mais à défaut du vrai badaud,
L'été j'ai toute la province,
Pour qui je monte mes pièc's d'eau.

THÉÂTRE D'HIVER.

Malgré tes réclames sans fin,
Tu ne fais tes frais qu'à grand'peine
La Sein' fait du tort à la scène,
Et tes baignoir's n' valent pas un bain.

LE THÉÂTRE D'ÉTÉ. (*Parlé*). Tu as beau me faire des calembours insultants.

Oui, je prouve que je vaux plus
Que je vaux plus que toi, ma chère,
Et pour me prouver le contraire,
Tu fais des efforts superflus...

LE THÉÂTRE D'HIVER. (*Parlé*). Et toi donc.

REPRISE ENSEMBLE.

LE THÉÂTRE D'ÉTÉ. Voyons, bonhomme Délassements, sois notre arbitre-rapporteur.
DÉLASSEMENTS. Ça me rapportera-t-il quelque chose?
LE THÉÂTRE D'HIVER. Le plaisir de nous juger...
LE THÉÂTRE D'ÉTÉ. Précisément, le Cirque des Champs-Élysées déménage, il va prendre ses quartiers d'hiver au boulevard..., entrons dans ses coulisses...; moi, j'y ferai venir mon répertoire.
LE THÉÂTRE D'HIVER. Et moi le mien...
DÉLASSEMENTS. Le Cirque des Champs-Élysées... ça me va... c'est mon théâtre de prédilection... Si je n'étais pas les Délassements, je voudrais être le Cirque du Carré-Marigny.
LE THÉÂTRE D'ÉTÉ. Je connais beaucoup de gens... comme toi.

DÉLASSEMENTS.

AIR : *Finale de la Tire-lire*

Bravo !   (*bis*)
Comme c'est beau!
V'là qu' ça commence,
Chacun s'élance
Au trot   (*bis*)
Au grand galop !
Chaque écuyer ne fait qu'un saut.

PREMIER COUPLET.

Vient l'écuyère avec son grand cerceau
Garni d' papier qu'on dirait un fromage,
L' cheval fait l' tour, et la dame, subito,
Crèv' le machin pour se faire un passage.

REPRISE ENSEMBLE.

DEUXIÈME COUPLET.

Je m' dis toujours, en sautant sur mon banc,
J' suis donc au Cirque?... ah! quelle circ-onstance!
Mais je m' contiens, car j' verrais le moment,
Où j' m'élanc'rais dans leur circ-onférence...

(*Parlé*.) Il me tarde d'être au cirque... assis... partons!

REPRISE ENSEMBLE.

Bravo! (*bis.*)
Comme c'est beau!
V'là qu' ça commence,
Chacun s'élance
Au trot! (*bis.*)
Au grand galop !
Chaque écuyer ne fait qu'un saut!...

SCÈNE V.

LES MÊMES, LAFLEUR, SIR JOHN, en domestique.

LAFLEUR. Oh! emmenez-moi, emmenez-moi...
DÉLASSEMENTS. Lafleur en bourgeois !...
LAFLEUR. Oui... c'est à Hambourg que je me suis mis en bourgeois.
LE GUIDE. Sir John en domestique.
SIR JOHN. Yès, je suis domestique à mon tour.
DÉLASSEMENTS. C'est une bascule que ces deux hommes-là; c'est égal je vous plains, pauvre Sir John.
LAFLEUR. Ce n'est plus Sir John..., je lui interdis de se faire appeler Sir...

AIR :

Non, maintenant, c'est John tout court;
Je l'ai pris pour mon domestique;
Il por' la livrée à son tour;
Ce chang'ment vous paraît unique.
Il n' peut plus r'tourner à London,
Faut' de souverains et d' bank-notes...
Et lorsque je lui dis : Sir John!
C'est que j' lui dis d' cirer mes bottes. (*bis*).

DÉLASSEMENTS. Comment ça?
LAFLEUR. C'est simple comme 2 et 2 font 5... A force de me voir jouer, mon ex-Sir John a pris le goût du jeu... Bref! un jour, j'ai joué avec lui mes gages contre pareille somme de ses revenus, puis, quitte ou double, et de partie en partie j'ai fini par empocher sa fortune : il voulait se faire passer le goût du roosbeef... J'ai eu pitié de lui, et j'en ai fait mon valet de chambre... John, portez la canne de moâ; John, ramassez le mouchoir de moâ...
SIR JOHN. Yès, Sir...
LAFLEUR. John, vous me rappelez Ruy-Blas...
SIR JOHN. Nô, Sir...
LAFLEUR. Noceur vous même... Vous m'insultez, donnez-moi la canne de moâ que je flanque une tripotée à vous, ou plutôt, non : battez-vous vous-même.
SIR JOHN. Zut!
LAFLEUR. Zut!... C'est bien, je double vos gages.
SIR JOHN. Mais vous n'en donnez pas de moâ.
LAFLEUR. C'est pour cela que je les double. Mais venez, on nous attend au Concert-Musard.
DÉLASSEMENTS. Vous faites du genre, à présent.
LAFLEUR. Oui, je hante les beaux endroits. Suivez-moi à cinq pas de distance, et si vous êtes gentil, je vous mettrai au vestiaire.
SIR JOHN. Yès... Oh! je suis bien affecté.
LAFLEUR. Qu'est ce que c'est ?... Pas d'affectation.
SIR JOHN. Il n'y en a pas, monsieur.
LAFLEUR. Ici donc!... John.
LE GUIDE. Et nous en route...

ENSEMBLE.

AIR de la *Friska*.

Partons galment
Et sur le champ,
Le Cirque,   }
Le Concert,   } nous invite
A lui rendre vite
Visite.
Ne perdons pas un moment.

(*Ils sortent.*) Changement à vue.

DOUZIÈME TABLEAU

Les Coulisses du Cirque.

SCÈNE I.

LES DÉLASSEMENTS, LE GUIDE, LE THÉÂTRE D'ÉTÉ, LE THÉÂTRE D'HIVER. L'ÉCUYER.

DÉLASSEMENTS. C'est gentil ici...
LE GUIDE. Ça sent l'écurie.
DÉLASSEMENTS Certainement ça sent l'écurie. Règle générale, partout où il y a des chevaux, ça sent l'écurie... j'aime ça... le cheval c'est mon dada.
L'ÉCUYER. Et maintenant, montrez-moi vos répertoires, à vous, Théâtre d'Été.
LE THÉÂTRE D'ÉTÉ. Voilà! (*Elle fait un signe.*)

SCÈNE II.

LES MÊMES, LA DEUXIÈME JEUNESSE, LES MÉNAGES DE PARIS, UNE PREUVE D'AMITIÉ, L'USURIER DE VILLAGE.

Air des Jolis Soldats.

Oui, nous voici, (ter.)
On nous appelle.
F'sons du zèle.
Oui, nous voici, (ter.)
On va nous admirer ici.

LE THÉATRE D'ÉTÉ, montrant. La Deuxième Jeunesse ou le retour du mari, une pièce du vaudeville, un monsieur de 60 ans qui court après des demoiselles de la première jeunesse, un célaladon à cheveux gris qui délaisse sa femme de la troisième jeunesse et qui est ramené par la saine morale par un garçon de la première jeunesse et demie.

DÉLASSEMENTS. Pour l'instruction de la jeunesse.

LE THÉATRE D'ÉTÉ. L'Usurier de village, ou les inconvénients de prêter à de gros intérêts quand on ne sait pas monter sur des échafaudages.

DÉLASSEMENTS. On peut en tomber.

LE THÉATRE D'HIVER. Et où est tombé.

LE THÉATRE D'ÉTÉ, montrant. Les ménages de Paris ou la sellette conjugale, ou le moyen de s'apercevoir que sa femme est dans la boue en la décrottant.

LE THÉATRE D'HIVER. Oui, j'ai vu cette pièce, c'était du propre.

Air de Madame Favart.

Hardis et neufs dans leurs ouvrages,
Les auteurs sont gens de talent,
Je veux, ménageant leurs ménages,
En parler avec ménag'ment.
Ma critiqu' sera des plus sages,
Et, je crois, ne les bless'ra pas.
Entre nous, d'Paris les ménages,
C'était les ménag's auvergnats.

LE THÉATRE D'ÉTÉ. Paméla Giraud, une reprise du Gymnase.

DÉLASSEMENTS. Une jolie pièce, le bruit en a transpiré.

LE THÉATRE D'HIVER. Transpiré! c'est possible, il faisait si chaud quand on l'a jouée.

DÉLASSEMENTS. Je trouve cet hiver rigoureux...

THÉATRE D'ÉTÉ. La vie de Bohême.

DÉLASSEMENTS. Les canons ravés de l'esprit... connais.

LE THÉATRE D'ÉTÉ. Les filles de marbre, une pièce morale, destinée à empêcher les sculpteurs de s'amouracher des dames qui vont à Mabille ou à la Closerie des Lilas. Le vice se nomme Marco, et la vertu Desgenais.

DÉLASSEMENTS. Vois-t-on Desgenais à la Closerie.

LE THÉATRE D'ÉTÉ. Certainement.

DÉLASSEMENTS. Alors, parle-moi de la Closerie des Genêts, ou plutôt je vais en parler moi-même.

Air.

On fait des dram's de commande,
Qui n' valent pas celui-là.
La mise en scène est très-grande,
Mais la pièce : halte-là !
Mes réprimandes sont sottes,
La r'cett' fait tout oublier;
Nos auteurs ont tous des bottes,
Mais nous n'avons plus d'Souliè.

SERINGUINOS. Allons, bon, j'ai marché sur la patte à Bibi.

DÉLASSEMENTS. Je connais cet organe-là.

SERINGUINOS. Ah ! vous voilà apothicaire, voilà vingt-quatre heures que je vous cherche... où diable êtes-vous passé?

DÉLASSEMENTS. Vous êtes les Pilules du Diable ?

SERINGUINOS. Eh! oui... imaginez-vous que j'étais attaché à la queue d'un cerf volant qui se mit à voyager côte à côte d'un magnifique ballon... quand un gros oiseau vient se prendre de bec avec mon cerf-volant ; celui-ci perdit la queue à la bataille, et aussitôt je me mis à descendre quatorze fois plus vite que je n'étais monté! je me demandai en route... tomberai-je pile ou face? Je suis tombé pile! comme c'est gracieux!.. Dites donc apothicaire, vous qui êtes malin, savez-vous la différence qu'il y a entre une girafe et une botte d'asperges?

DÉLASSEMENTS. Une girafe... attendez-donc.

SERINGUINOS. Eh bien, je vais vous le dire. C'est qu'à la rigueur la girafe peut manger la botte d'asperges, tandis que la botte d'asperges ne peut pas manger la girafe.

DÉLASSEMENTS. Ah ça! dites donc, on vous reprend donc toujours.

SERINGUINOS. Est-ce un tort? non.

Air : Allez vous-en, gens de la noce.

Car ce populaire théâtre
N'a pas le don de bien choisir.
C'est pourquoi, public idolâtre,
Tu ne tiens pas à revenir.
Devant l'gros mélodram' tu r'cules.
Indisposé pour plusieurs jours.
Ailleurs tu cours,
Mais sans détours.
On n'a qu'à t' donner des pilules,
Et ça te fait aller toujours.

REPRISE ENSEMBLE.

DÉLASSEMENTS. Oui, mais décidément cela est trop vieux, je demande du nouveau, du nouveau, j'appelle mon chien.

LE THÉATRE D'ÉTÉ. Alors tu ne me donnes pas la palme.

DÉLASSEMENTS. Je suis sur le point de vous la refuser, en attendant j'octroie la parole au théâtre d'hiver.

LE THÉATRE D'HIVER. Enfin.

LE THÉATRE D'ÉTÉ. Soit, d'autant plus que mon exhibition est finie, allons mes enfants retirez-vous, quoi qu'on en dise, l'été est content de nous.

DÉLASSEMENTS. C'est cela, allez-vous-en. Nous vous rappellerons quand il fera chaud. (Sortie des théâtres sur la reprise du chœur d'entrée).

DÉLASSEMENTS. Allons, à toi, théâtre d'hiver, et tâche de me montrer de jolies choses. (Entrent la Jeunesse de Louis XI, Noblesse oblige, la Marâtre, les Compagnons de la Truelle, Roméo et Juliette, Paris s'amuse, Il n'y a plus d'Enfants,— bannières en tête sur lesquelles on lit : PIÈCES D'HIVER).

Air : Allons à la mairie (HERVÉ).

Puisque l'on nous désire,
Nous accourons en ces lieux,
Nous v'nons pour qu'on nous admire,
Voyez, nous sommes heureux.

DÉLASSEMENTS. Ils sont gentils, ceux-là, ils ont l'air frais,

LE THÉATRE D'ÉTÉ. Ils ont le nez rouge, dis donc ?

DÉLASSEMENTS. Quel est ce petit monsieur si bien habillé ?

LE THÉATRE D'HIVER. C'est Roméo, Roméo et Juliette, l'opéra nouveau de l'ancien Opéra.

DÉLASSEMENTS. Ah ! c'est Roméo.

ROMÉO, s'avançant.

RÉCITATIF.

Eh bonjour, cher monsieur! comment vous portez-
(vous ?
DÉLASSEMENTS, de même. (vous ?
Mais ça n'va pas trop mal. Comment qu'ça va chez
(speare
Chez nous, ça va fort bien. Nous chantons du Shak-
Sur un' musiqu' charmante, et que je vais vous dire.

DÉLASSEMENTS, parlé. Eh bien ! non, si ça vous est égal, vous me direz ça une autre fois.

ROMÉO. Je ne résiste point... voilà.

DÉLASSEMENTS. Il est tenace, le Roméo sans Juliette.

ROMÉO.

Air : le Petit Homme gris.

Il était un gros homme,
Un gros homm' qu'on app'lait
Capulet.
Il haïssait, tout comme
On hait à l'Ambigu,
Montaigu.
Et disait je veux
Oui, tels sont mes vœux,
L' voir mourir sous mes yeux.
Oh! qu'il est laid. (bis.)
Ce monsieur Capulet!

Air : Ma Commère quand je danse.

C' Capulet avait un' fille,
Juliette était son nom,
Elle était jeune et gentille,
Elle aimait un beau garçon.
Mais c' Roméo, c' bon Roméo, c' t'objet aimé,
Par trop aimé,
Était l' fils bien que bon drille
Du Montaigu susnommé.

Air : Quel désespoir !

Quel désespoir
De n' pas épouser ce qu'on aime !
Quel désespoir
De se quitter quand vient le soir !
Si ton arrêt suprême,
Capulet, nous disjoint,
Marions-nous quand même
Sans maire et sans adjoint.
Quel désespoir, etc.

Air : Do do, l'enfant do.

Dodo, Juliette do,
Tu t' réveilleras tantôt,
Tu devrais plutôt
D'mander un grog rhum et eau.

Air : *Au Clair de la lune.*

C'est un narcotique
Que Juliette tient.
Sans trop de colique
Le sommeil lui vient.
C'te fomm' romanesque
S'endort sans broncher ;
L' public vondrait presque
L'envoyer coucher.

Air : *Silence, silence, silence!*

Mais Roméo arrive,
Il n' croit pas qu' Juliett' vive,
Et n' voulant plus faire le beau,
Il s'empoisonn' sur son tombeau.

Air : *A la façon de Barbari.*

On peut faire de c' libretto-là
Un' plaisante critique.
Mais jamais Paris n'oubliera
C't opéra
Magnifique.
C'est beau, c'est grand, c'est bien fini.
Vive la musique
De feu Bellini.
C'est un opéra fort joli
Biribi,
A la façon de *Rossini*,
Mon ami.

REPRISE ENSEMBLE.

C'est un opéra fort joli, etc.

DÉLASSEMENTS. Là , vous voilà content. Que ce jeune homme est désagréable !
LE THÉATRE D'HIVER. Mais c'est une femme.
DÉLASSEMENTS. Roméo est une femme ! j'en tombe de ma hauteur. Il paraît que cette coutume de travestissement continue.

Air *de Lauzun.*

Car nous avons eu Jacques Sheppard,
Un' femme plein' d'adresse et d' malice.
Et maintenant, au boulevard,
Figaro c'est un' grande actrice.
Si l'on change de sex' comme ça!
J'attends, pour compléter la b'sogne,
Le jour où Frédéric jouera,
Jouera Marguerit' de Bourgogne.

ROMÉO. Vous n'êtes pas galant.
DÉLASSEMENTS. Roméo, je suis spectateur, le spectateur ne connait pas de sexe.

LOUIS XI.

Et pour moi, mon beau sire, êtes-vous si sévère ?
Pâque Dieu, je suis jeune, élégant, fait pour plaire.
Saluez Louis onze.

DÉLASSEMENTS.

Encore un... et de trois !
Aux Français, j'ai connu le premier, et je crois
Voir l'autre qui, naguère, à l'Opéra-Comique,
Sans chanter beaucoup d'airs, s'exprimait en
(musique.

LOUIS XI.

Moi, je m'exprime en vers...

DÉLASSEMENTS.

Mais c'est un vrai pensum !
J'aime mieux les Romains, on a des vers de rhum.
Enfin, que me veux-tu ?

LOUIS XI.

De mon œuvre hardie
Te dire le plan.

DÉLASSEMENTS.

Non, tu sens la tragédie.
La prose me va mieux ; mais, si cela te plaît,
Continuons en vers, mais en vers de couplet.

LOUIS XI.

Va donc pour le couplet, satisfais ton envie.

DÉLASSEMENTS.

Je le chante sur l'air du fleuve de la vie.

Air *du Fleuve de la vie.*

Certes, Louis onze, on peut le dire,
Est l'œuvr' d'un poète, et vraiment,
Cela r'pos' des piè'es à navire,
Où l'machinist' tient l' premier rang ;
Je sais bien que la r'cette monte
Rar'ment, d'vant des vers au boul'vart,
Mais ce sont des essais où l'art
Trouve toujours son compte.

(*Parlé.*) Mais, entre nous, votre vraie place était à l'Odéon. Au fait, qu'est-ce qu'on y fait, à l'Odéon.
THÉATRE D'HIVER. On y joue *Noblesse oblige*, un succès d'un jeune auteur.
LE GUIDE. Attends, avant de le complimenter, laisse-moi lui faire une petite observation.

Air *de Turenne.*

Noblesse oblige !... oui, l'auteur de ce drame
N'a pas pris dans son propre sac ;
De la piè' la marche et la trame,
Sont empruntés à de Balzac !
De Balzac était noble !... Que dis-je ?
Sa noblss', ce sont ces travaux,
Obligeamment il prêta l' *Bal de Sceaux.*
Voilà comment noblesse oblige

DÉLASSEMENTS. Le guide lui a donné son paquet, c'est bien fait. Ça vous apprendra à demeurer si loin.
LA MARATRE, *s'avançant*. Pardon, monsieur, vous avez parlé de Balzac.
DÉLASSEMENTS. Nous avons eu l'honneur de prononcer son nom, madame !...
LA MARATRE. Je suis sa fille, monsieur.
DÉLASSEMENTS. Sa fille !
LE THÉATRE D'HIVER. *La Marâtre*, une reprise du Vaudeville.
LA MARATRE. Et une reprise glorieuse.
DÉLASSEMENTS. Oui, je connais un drame avec adultère, mêlé de pas mal d'empoisonnements.
LA MARATRE. C'est possible, mais un grand succès.

LE GUIDE.

Air *du Porteur d'eau.*

On disait qu' son auteur, oui-dà,
N'était pas fait pour le théâtre,
Mais maintenant qu' la mort aux rats
Fait le succès de la marâtre.
Les spectateurs sont revenus
Sur le jug'ment de la critique.

DÉLASSEMENTS, *parlé*. Je vous comprends.
(*Finissant l'air :*)

La mort aux rats fait enfin qu'on n'ose plus,
Lui contester son art scénique.

LE THÉATRE D'HIVER. Je suis de votre avis, ce calembour prouve votre enthousiasme ; puisse le ciel vous le pardonner en faveur de l'intention !

CRICRI, *s'avançant*. Monsieur, voulez-vous en être ?
DÉLASSEMENTS. De quoi , monsieur , s'il vous plaît ?
CRICRI. De ma pièce, *Cricri*.
DÉLASSEMENTS. Cricri, c'est une pièce de boulanger.
LE THÉATRE D'ÉTÉ. Tu dis cela à cause de son four.
CRICRI. Bonjour, madame ; voulez-vous en être ?...
LE THÉATRE D'ÉTÉ. De votre pièce, pourquoi faire ?
CRICRI. Pour faire comme tout le monde. (*Au Théâtre d'Hiver.*) Vous en êtes, vous ?
LE THÉATRE D'HIVER. Je veux bien.
CRICRI. Bon, nous mettrons une rallonge à l'affiche, alors.
DÉLASSEMENTS. Mais vous me faites l'effet de chercher des collaborateurs partout.
CRICRI. Je n'en cherche pas, monsieur, mais nous sommes tant, maintenant, qu'un de plus ou de moins... et puis je voudrais arriver à former une société. La Société de Cricri.
DÉLASSEMENTS. Je ne vois pas le bon résultat de cette combinaison.
CRICRI. C'est pourtant bien simple.

Air *de Calpigi.*

Avec tant d'auteurs pour un' pièce,
Je songe avant tout à la caisse,
Aucun d' ces messieurs n'entrerait,
Sans payer sa place et ça f'rait
Chaqu' soir un' r'cette au complet !

DÉLASSEMENTS.

Bon moyen d'augmenter la r'cette.
Vraiment votre truc n'est pas bête,
Vous auriez un public d'auteurs ;
Au moins ça f'rait des spectateurs,
Ça vous f'rait même des claqueurs.

(*Parlé.*) Quel est ce monsieur-là ?
LE THÉATRE D'HIVER. *Les Compagnons de la Truelle*, pièce des Variétés, une truellée au sas... serrée.
DÉLASSEMENTS. Si Michel joue, j'irai voir *Michel Masson*. C'est égal, il y a longtemps que je voulais voir une pièce de maçonnerie, je souhaite qu'il fasse du plâtre avec.
LE THÉATRE D'ÉTÉ. Du plâtre, oh ! que c'est canaille !
LE GUIDE. C'est ce qu'on dit.
LE THÉATRE D'HIVER. *Paris s'amuse*, le succès du voisin.
DÉLASSEMENTS. Ou plutôt le voisin du succès.
LE THÉATRE D'HIVER. *Il n'y a plus d'enfants*, Délassements-Comiques.
DÉLASSEMENTS. Tant pis, je me critique aussi... Cette pièce devrait s'appeler : *Il n'y a plus d'auteurs*. Mais dites donc, est-ce tout ce que vous avez à me montrer ? jusqu'à présent j'avoue que tout cela m'a peu charmé... d'autant plus que je n'ai rien vu en entier.
LE THÉATRE D'HIVER. C'est probablement à cause de cela... Eh bien ! je vais te faire voir une pièce entière, le grand succès de ton boulevard, le boulevard du Temple, *les Pirates de la Savane*.
DÉLASSEMENTS. *Les Pirates de la Savate*, ça me va. Il y a longtemps que je voulais l'apprendre la savate. Vas-y ! Quant à vous, mes enfants, je vous souhaite un bon voyage.

Si vous rencontrez le succès en route, arrêtez-le et ne le lâchez pas.

ENSEMBLE.

Air des *Fraises*.

Allez-
Allons-y, puisque voilà
La pièce que l'on flatte
Voyons, sans tarder, oui-dà,
Voyez,
Les fameux Piran's de la
Savate. (*Ter*.)

TREZIÈME TABLEAU

—

LES PIRANES DE LA SAVATE.

PARODIE EN 3 TABLEAUX.

Une place publique. — Restaurant à gauche.

SCÈNE PREMIÈRE.

PAUL, AMIS.

CHOEUR.

Vive le vin,
Vive ce jus divin !
Je veux jusqu'à la fin
Qu'il égaye ma vie.

PAUL. Oui, mes amis, je suis peintre, j'fais des tableaux, j'ai du talent, et, de plus j'n'aime pas les enfants... Mais, c'est la petite mendiante que j'aperçois là-bas ; une enfant, moi qui les déteste ! Tournons-lui le dos, pendant qu'elle nous montre le sien dièze.

SCÈNE II

LES MÊMES, ÉVA, *représentée par Lafleur*.

ÉVA. On m'appelle Éva ; je suis une petite fille âgée de huit ans ; je frise naturellement ; et à l'heure qu'il est je chante dans les cours.
DÉLASSEMENTS. Oh ! mais je connais cette figure-là.
LE THÉÂTRE D'HIVER. Certainement, tu la connais.
DÉLASSEMENTS. Où l'ai-je vue ?
ÉVA. Je mendie... un métier désagréable, auquel je préfère incontestablement celui de rentier... Merci, mon Dieu ! quant au reste...
DÉLASSEMENTS. Sapristi ! je connais ce visage détérioré !
LE THÉÂTRE D'HIVER. C'est ma surprise.
ÉVA. Voici quelques concitoyens rassemblés sur un même point, c'est le moment de leur chanter ma grande romance. Seigneur, fais qu'ils aient le porte-monnaie facile ! (*Elle s'approche*.)
PAUL. Elle va nous chanter quelque chose, écoutons la ; je déteste les enfants, cette haine me fait un devoir de lui confier mes oreilles.

ÉVA, *chantant*.

Beaux séducteurs au doux langage,
Qui semez l'or à volonté,
Des jeunes filles du village
Respectez l'humble pauvreté ;
N'allez pas en larmes amères
Changer la paix de leurs foyers.
Laissez les enfants à leurs mères,
Laissez les roses aux rosiers.

DÉLASSEMENTS. Charmant ! voilà ce qui s'appelle une jolie romance. Cette jeune fille a une voix mélodieuse.
LE GUIDE. C'est vrai.
ÉVA. La charité, mes bons messieurs ! allons, un peu de courage à la poche !
PAUL. Tu m'ennuies, toi.
ÉVA. Soyez aimable avec les jeunes filles.
PAUL. Non ; moi je déteste les enfants, et je le prouve. (*Il lui donne un coup de pied au derrière*.) V'là pour toi.
ÉVA. Un coup de pied rétrospectif... oh ! c'en est fait, je ne mendierai plus qu'en crinoline. (*Elle se sauve*.)
PAUL. Et moi, je vais boire dans la coulisse. (*Il sort*.)
LE THÉÂTRE D'HIVER. Voilà la fin du premier acte.
DÉLASSEMENTS. C'est le premier acte, cela ? Il est joli, je le trouve plein de péripéties. Mais où diable ai-je vu la face d'Éva ?
LE THÉÂTRE D'HIVER. On te le dira plus tard. Écoute la pièce, le second acte va commencer ; il se passe au Mexique.
DÉLASSEMENTS. Subitement, comme ça, à cause du coup de pied ?
LE THÉÂTRE D'HIVER. Non ; Paul, qui n'aime pas les enfants, s'aperçoit que la jeune Éva est la fille d'une femme dont le mari a obligé son facteur dans les temps. La mère d'Éva est au Mexique ; il se charge de la jeune fille, qu'il trouve sous le pont Louis-Philippe, prend l'omnibus, et s'en va à Mexico rapporter une fille à une mère.
DÉLASSEMENTS. Et il traverse celle de l'Atlantique pour ça ? eh bien, c'est gentil de sa part... ce Paul me plaît.
LE THÉÂTRE D'HIVER. Maintenant, nous sommes dans la Savate, près du torrent du Cèdre rouge.
DÉLASSEMENTS. Le cèdre rouge ? il y a déjà le cèdre du Liban !
LE THÉÂTRE D'HIVER. Ce n'est pas le même. On commence ; prête toute ton attention à ce qui va se passer.
DÉLASSEMENTS. Je la prête ; je trouve la pièce intéressante.
LE THÉÂTRE D'HIVER, *faisant un signe*. Allez !

QUATORZIÈME TABLEAU

Le Torrent du Cèdre-Rouge.

—

SCÈNE PREMIÈRE.

LES MÊMES, RIBEIRO, PIRATES.

RIBEIRO, *suivi de pirates*. Je suis Ribeiro.
DÉLASSEMENTS. Où prenez-vous Ribeiro ?
RIBEIRO. Ribeiro, c'est Bibi. Je suis un affreux coquin !
DÉLASSEMENTS. Quant à ça, il en a bien l'air.
RIBEIRO. Rien ne me serait plus désagréable que de rendre l'héritage de mon oncle.
DÉLASSEMENTS. Il a donc hérité de son oncle ? (*Au Théâtre d'hiver*.) Tu ne me le disais pas.
LE THÉÂTRE D'HIVER. C'est une nouvelle complication.
RIBEIRO. Connaissez-vous Hélène ?
DÉLASSEMENTS. Hélène de Troie ?
RIBEIRO. Hélène, c'est la légatrice de mon oncle.
DÉLASSEMENTS. Où prend-il son oncle ?
RIBEIRO. Jamais je ne céderai devant Londrès le métis, je suis le chef de la Savate... la Savate m'appartient.
LE GUIDE. Dites donc, expliquez-moi donc ça : voilà deux fois qu'il prononce Savate.
DÉLASSEMENTS. Eh bien, ça lui fait une paire de savates.
RIBEIRO. Vengeons-nous de Londrès ! Et d'abord, je lui défends de chasser sans permis dans le désert.

SCÈNE II

LES MÊMES, LONDRÈS, *un chat sur les épaules*.

LONDRÈS, *paraissant*. Tu me le défends, Ribeiro, et de quel droit ?
DÉLASSEMENTS. Ah ! voilà un joli garçon ! pour un joli garçon, c'est un joli garçon ; qu'est-ce qu'il a donc sur les épaules ?
LE THÉÂTRE D'HIVER. Un tigre !
DÉLASSEMENTS. On dirait un chat.
LE THÉÂTRE D'HIVER. C'est un chat-tigre.
RIBEIRO. Tu viens encore de tuer des animaux dans mes propriétés ?
LONDRÈS. Tu en as menti, puisque tu existes encore !
RIBEIRO. Londrès, jette ce tigre à terre et fais tes malles, qu'avant que la lune ait décrit sa course, je ne te retrouve plus dans la Savate.
LONDRÈS. Ribeiro, les métis te méprisent. Ribeiro, tu passeras un vilain quart d'heure au cinquième acte, je te le jure.
RIBEIRO. Foin de tes menaces ! qu'on l'enchaîne, le garrotte, qu'on lui fasse passer le goût du tigre... pendez-le au cèdre rouge, lui et la jeune fille qu'il protège, la jeune Éva... où est-elle, la jeune Éva ?
ÉVA, *entrant*. Me voici ; je suis en retard, je vous fais mes excuses ; faut-il vous chanter ma grande romance ?

Laissez les enfants à leurs mères,
Laissez les roses aux rosiers.

RIBEIRO. Silence ! Exécutez mes ordres, pendez-les proprement. Je me retire, je vais me remettre un peu de jus de réglisse sous le nez, je ne suis pas assez foncé. (*Il sort*.)
LONDRÈS. Pendu !
ÉVA. Pendue !
UN PIRATE. Allons, mon brave, faites votre prière !
DÉLASSEMENTS. Un instant, j'achète la vie de cet enfant.
ÉVA. C'est ça, achetez ma vie ; faut-il chanter ma grande romance ?
LE PIRATE. Ce sera cher !
LONDRÈS. Écoutez... vous êtes sept... sept de la Savate, mais à moi seul je la tire mieux que vous la Savate ; je jure de ne pas me défendre si vous la laissez fuir.

LE PIRATE. Ça va, prenez-moi cet aztec.
ÉVA. Aztec vous-même, dites donc...
LE PIRATE. Va t'égarer dans les sables du désert.
ÉVA. Vous allez me perdre ? je ne veux pas qu'on me perde, Londrès, Londrès !
LONDRÈS. Londrès est fumé, ma fille.
DÉLASSEMENTS. Tiens, Londrès est fumé, c'est un jeu de mots, c'est plein d'esprit tout ça !
LONDRÈS. Laisse-toi faire, prends le conte de Perrault, et à la lueur de l'obscurité, lis-le.
LE PIRATE. Allons, enlever-la.
ÉVA. Londrès, Londrès, fichez-moi la paix, vous, je m'en irai bien toute seule. (*Chantant.*)

Laissez les enfants à leurs mères;
Laissez les roses aux rosiers.

(*Elle sort.*)

DÉLASSEMENTS. Voilà qui est intéressant, parole d'honneur ! j'ai des larmes dans les yeux !
LE GUIDE. Mouche-toi.
DÉLASSEMENTS. Je me moucherai si je veux ! n'influencez pas ma sensibilité, vous !
LE PIRATE. À nous deux, maintenant, tu vas être pendu.
LONDRÈS. Pendu ! mourir sans avoir vécu plus longtemps ! quel trépas prématuré ! moi qui comptais mourir de vieillesse, je suis si désolé que je vais dormir.
DÉLASSEMENTS. Il va dormir !
LE PIRATE. Il dort ! quel courage ! Respectons son sommeil.
LONDRÈS. Ah ! je rêve, je vois un ange qui s'avance vers moi ; un ange qui ouvre ses ailes et fait entendre un chant séraphique et éolien.

ÉVA, *au dehors, chantant*.

Laissez les enfants à leurs mères;
Laissez les roses aux rosiers.

LONDRÈS. C'est bien cela.
ÉVA. Me revoici. J'ai lu le Petit Poucet, et j'ai semé des haricots tout le long de la route, à son instar. Petit Poucet, les haricots devaient me ramener à la venta. Venta et haricots se comprennent.
LONDRÈS. Ange ! ange ! c'est Guilbert de Pixérécourt qui t'envoie pour me délivrer.
ÉVA. Je suis petite, on ne me verra pas, allons détacher Londrès.
LONDRÈS. Je rêve, je rêve... Qu'est-ce qui me farfouille dans le dos?
ÉVA. C'est moi. Cristi, il y a un nœud.
LONDRÈS. Coupe ! coupe !
ÉVA. Je coupe. — Ah !
LONDRÈS. Finis, tu me chatouilles.
ÉVA. Ça y est.
LE PIRATE. Allons, tu as fini ton somme. A cette pendaison, tout de suite !
LONDRÈS. Dès navettini !... nous allons rire, hurra ! (*Mêlée. — Éva cogne sur les pirates qui s'enfuient.*)
DÉLASSEMENTS. Bravo ! bravo ! en voilà un tableau ! quelle belle savate !
LONDRÈS. Dispersés, libres ! nous sommes libres !
ÉVA. Cristi ! j'ai reçu un poche-œil.
LONDRÈS. Mais ils vont revenir ! Éva ! c'est le moment de passer le pont du torrent !

LONDRÈS. Abattons l'arbre !
ÉVA. Abattons-le ! (*Ils courbent l'arbre.*)
DÉLASSEMENTS. Tiens, un arbre en carton. (*bruit au dehors.*)
LONDRÈS. Je les entends, ils accourent, ils approchent, ils viennent.
ÉVA. Quels radis noirs que ces pirates !
DÉLASSEMENTS. Parcequ'ils reviennent, très-bien, j'y suis.
LONDRÈS. Traversons le pont. Y es-tu, Éva ?
ÉVA. J'y suis !
LONDRÈS. Grand Dieu ! je ne suis pas assez fort pour le porter, enfant.
ÉVA. Tu n'es pas assez râblé, nous allons arranger ça. (*Elle le porte.*)
LONDRÈS. Prends garde de me laisser choir.
ÉVA. As pas peur.
DÉLASSEMENTS. C'est l'enfant qui le porte ! Ah ! voilà qui est original.
LONDRÈS. Fais attention.
ÉVA. As pas peur ! — Laissez les enfants à leurs mères, laissez les roses au rosiers. (*A l'autre bout.*) Ça y est... sauvé ! sauvé !
ENSEMBLE. Merci, mon Dieu ! (*Ils sortent.*)
THÉATRE D'HIVER. Fin du deuxième acte.
DÉLASSEMENTS. Très-joli, très-joli... Voilà un tableau saisissant ; je demande la suite.
THÉATRE D'HIVER. La suite, voilà. (*Changement.*)

QUINZIÈME TABLEAU

La Liqueur de Java.

Un marchand de vins portant cette enseigne : *A la Liqueur de Java.*

SCÈNE PREMIÈRE.

LES MÊMES, RIBEIRO, *puis* PAUL.

RIBEIRO. Je suis Ribeiro !
DÉLASSEMENTS. Ah ! le revoilà, lui, le coquin de la chose !
PAUL, *entrant*. Je suis Paul !
RIBEIRO. Viens ici. Tu vois bien cette liqueur : il suffit d'en boire une dizaine de litres pour raconter tout ce qu'il y a de plus caché. J'ai besoin que tu me dises un tas de choses que j'ignore, bois... buvons...
PAUL. Buvons. (*A part.*) On a dû changer les verres, sans ça... Seigneur, faites qu'il n'y ait pas d'erreur dans la mise en scène !
DÉLASSEMENTS. Ah ! on a changé les verres, très-bien. Et c'est lui qui... voilà qui est ingénieux.
RIBEIRO. Buvons encore. (*Riant nerveusement.*) Ah ! ah ! ah ! la bonne farce de Tolède !.. Par l'épée de mon père, voilà que tout danse autour de moi ; des amours me peignent, et des nymphes invisibles m'essayent des corsets... Ah ! ah ! je vais te dire tous mes secrets.
PAUL. Enfin !
RIBEIRO, *montrant les Délassements.* Tu vois bien cet homme ? il est laid, mal bâti, son pantalon dissimule ses jambes cagneu-

ses, sa perruque cache une calvitie marécageuse.
DÉLASSEMENTS. Eh ! dites donc, là-bas, ça n'est pas vos secrets que vous dites là ! ce sont les miens.
RIBEIRO. Ah ! ah ! ah ! sa femme le trompe ; il n'est pas vacciné ; il aime les épinards, et il porte de la flanelle ! Ah ! ah ! ah !
DÉLASSEMENTS. Ah ! mais ! ah ! mais ! il se fourre sa liqueur dans l'œil ; ce n'est pas de moi qu'il doit parler.
RIBEIRO. Il se fait appeler Auguste, et son vrai nom est Oscar ; c'est une tragédie empaillée.
DÉLASSEMENTS. Assez ! assez ! j'interromps la représentation, d'autant plus que j'en ai assez des *Piranes de la Savate* ; je trouve la chose désagréable... La toile ! qu'on baisse la toile !

SCÈNE II.

LES MÊMES, LONDRÈS, ÉVA.

ÉVA. Qu'y a-t-il?
DÉLASSEMENTS. Il y a que je réclame le dénoûment, l'heure est venue d'en finir.
ÉVA, *un serpent sous le bras.* Sans avoir vu mon serpent, mon fameux serpent, qui doit me dévorer au cinquième acte.
DÉLASSEMENTS. Tant pis, assez d'animaux comme ça.
ÉVA. Cependant, il est joli ce serpent ; il mange des confitures toute la journée dans six pots différents.
LONDRÈS. Un serpent qui change de pot, voyons.
DÉLASSEMENTS. Ça m'est égal ! je suis exaspéré. D'ailleurs je vous ai reconnu, vous êtes sir John, et vous, vous êtes Lafleur.
LAFLEUR. Je suis Lafleur et je ne le suis pas.
DÉLASSEMENTS. Qui êtes-vous donc, alors?
SIR JOHN. Je suis un de vos artistes, mon cher Délassements.
LAFLEUR. Je suis Tacoya, un de vos pensionnaires, cher maître.
DÉLASSEMENTS. Comment?
LE GUIDE. Certainement, les pérignrations touchent à leur fin ; ce sont artistes, les propres artistes... qui viennent humblement vous demander si tu es content d'eux.
DÉLASSEMENTS. Ce sont mes artistes, j'ai été agoni par mes propres artistes !
LE GUIDE. Ils sont tous là qui attendent que tu prononces sur leur sort.
DÉLASSEMENTS. Ils sont là ! qu'ils entrent. Diable ! il ne faut jamais faire attendre des comédiens ; on ne sait pas ce qui peut arriver.

SEIZIÈME TABLEAU

TOUS LES ACTEURS DE LA PIÈCE.

AIR FINAL.

(*Turlututu.*)

Fini, fini,
Chantons ici
Ce denoûment
Vraiment
Charmant

Et surprenant.
Les Délassements
Doiv'nt êtr' contents
De leurs enfants,
Et d' leurs talents.

DÉLASSEMENTS. Mes amis, je suis enchanté ; nous allons retourner dans notre foyer et nous soumettre nous-mêmes à la saine critique. En attendant, je... Ah ! sapristi !
LE GUIDE. Quoi ?
DÉLASSEMENTS. Et moi qui allais les remercier ; ce n'est pas dans mon rôle... D'ailleurs, nous ne sommes pas complets, et les couplets de la fin...
LE GUIDE. C'est juste, aux couplets !
TOUS. Aux couplets !

COUPLETS.

Même air.

PAUL.

Du chasseur viv' la destinée !
Quels glorieux exploits sont les siens !
Car la chasse est bonn' cette année ;
C'est étonnant c' que l'on tue d' chiens !

L'ÉCUYER.

On voit au faubourg Poissonnière
Des taureaux d' cire fort peu beaux ;
J'en f'rais une critique amère,
Mais j' crains d' fair' du tort aux taureaux.

ROMÉO.

L'hippopotame acariâtre
A tué son enfant c't été ;
C'est ce qui fait que *la Marâtre*
Eut un succès d'actualité.

LE THÉÂTRE D'ÉTÉ.

Blondin traverse sans culbutes
Les chutes du Niagara ;
Mais ce n'est rien auprès des chutes
Que plus d'un auteur traversa.

LAFLEUR.

Nos soldats, avant peu de lunes,
En Chine auront d' nouveaux exploits ;
Car ce n' s'ra pas pour des prunes
Que nous irons chez les Chinois.

SIR JOHN.

Au canal où s'arrête-on route,
On se dit : Qu'a-t-on arrêté ?
Au canal pourquoi faire un' voûte ?
Il est vieux, il doit être voûté.

DÉLASSEMENTS.

Hier, au ch'min d' fer de Vincennes,
Un dramaturge des plus forts
Me raconte un acte en vingt scènes,
Dans lequel j'ai compté cinq morts.

LE THÉÂTRE D'HIVER.

Déjazet éclips' les plus belles,
Et vole à de nouveaux succès ;
Plus d'un f'rait des folies nouvelles
Pour ce talent jeune à jamais.

LONDRES.

On entend des chanteurs allègres,
Boul'vard Montmartre, tous les soirs ;
Moi, je comprends les chanteurs nègres,
Dans la musique on voit des noirs.

LE GUIDE, *au public.*

Des Délassements suivez l'exemple,
En route ! en route ! et pour nous voir,
De notre gai boul'vard du Temple
Fait's le voyage chaque soir.

FIN.

Paris. — Typ. Morris et Comp., rue Amelot, 64.

www.ingramcontent.com/pod-product-compliance
Lightning Source LLC
Chambersburg PA
CBHW070449080426
42451CB00025B/2052